Moi, Nicolas Stohrer, Pâtissier du Roi rue Montorgueil au pied de Saint-Eustache à Paris

Texte établi par
Pierre Liénard, François Duthu
et Claire Hauguel

JC Lattès

Illustrations couverture et hors-texte :
Pascale Laurent

Avec la participation de Micheline Jérome

Maquette : Bleu T

11 Août 1788

*M*oi, Nicolas Stohrer, j'ai formé, aujourd'hui, un ambitieux dessein. Je ne suis pas un philosophe, seulement un artisan, un simple pâtissier, même si mes contemporains m'ont appelé « Le Pâtissier du Roi ».

Mais je vais tenter de raconter ce que ma longue vie m'a enseigné, juste pour mon arrière-petit-fils.

Mon fils, qui m'a succédé, a eu la chance de m'avoir à ses côtés. Il n'a fait que des filles, trois, et voilà qu'enfin la relève, si Dieu veut, est assurée : un garçon vient d'arriver ! le premier depuis fort longtemps ! Quelle joie ! Mais je ne serai plus là quand mon cher petit ange aura l'âge de mettre ses pas dans les miens.

Alors pas d'autre solution que d'écrire.

L'angoisse m'étreint, comment commencer, tout se bouscule, tout s'embrouille, j'ai si peur de ne pouvoir terminer ce journal. J'ai quatre-vingt-deux ans, la fin approche ; je suis robuste, certes, mais il me faudra bien partir un jour.

Je suis né en 1706, dans une modeste famille de Wissembourg, petite bourgade d'Alsace, à quelques kilomètres de la frontière allemande. J'ai eu une enfance sans histoire et des parents unis.

Ma chance est venue du malheur d'un homme.

Proscrit dans sa patrie, privé de ses biens, Stanislas Leszczynski, roi de Pologne, dut renoncer au trône et trouva refuge auprès du duc de Deux-Ponts. À la mort de ce dernier, le roi Stanislas quitta la principauté de Deux-Ponts. Ne sachant où porter ses pas, il eut recours à la France. Le duc d'Orléans, le Régent, lui offrit une résidence à Wissembourg et lui octroya une subsistance honorable. C'était en 1720 et j'avais quatorze ans. Le bel âge pour apprendre un métier. Le bon roi Stanislas accordait beaucoup d'importance à la table. Il fallait que celle-ci fût somptueuse quant à sa présentation, raffinée dans le choix et la préparation des mets.

À cet effet, il engagea un grand nombre de personnes à son service. Je fis mes débuts comme garçon de cuisine. Mon rôle était d'avoir grand soin de tout ce qui concerne la cuisine, bien entendu, et le garde-manger, de les tenir propres et bien nets. C'est moi qui épluchais les herbes et les légumes tant pour les entremets que pour les ragoûts. J'étais sous les ordres de l'Écuyer de Cuisine. Comme je comprenais bien et travaillais vite, je devins moi-même Écuyer de Cuisine où, ma charge, en dehors de la propreté, comprenait de savoir bien faire la pâtisserie froide et chaude comme aussi toutes sortes de ragoûts et d'entremets.

J'étais gourmand. Mais mon maître l'était encore plus que moi ! Quel extraordinaire gourmand il fut !

Quel homme bon et généreux, attentif et simple. Il m'aimait bien. Je crois que je lui ressemblais et ce n'est pas lui manquer de respect que de dire cela. Il avait deviné mon envie d'apprendre. Il avait remarqué que je n'étais pas maladroit de mes mains, que je savais accommoder, inventer, arranger un mets. Mes idées lui plaisaient. Je savais lire et écrire mais ma tête était vide. J'étais un lamentable ignorant. Stanislas fit une chose magnifique. Il m'autorisa à passer mes heures de loisir dans sa bibliothèque, qui était fort pourvue en toutes sortes d'ouvrages, si calme, si feutrée, si riche. Le paradis. Pendant ce temps, mes petits camarades allaient courir les filles. Je n'étais pourtant pas spécialement sage, mais mon envie de savoir l'emportait sur tout le reste. Que d'heures de béatitude ai-je passées en ces lieux ! J'étais insatiable, je voulais tout lire. Stanislas sut me conseiller, me guider dans mes choix.

Je lui dois tout, je lui serai toujours reconnaissant.

Mes chandelles se terminent, mes yeux me brûlent. Est-ce la fatigue ? Est-ce l'émotion à cette évocation ? Est-ce de réaliser que tout ceci est loin, très loin et que je deviens vieux, très vieux ?

14 Août 1788

Trois jours sont passés, je n'étais plus si sûr de vouloir écrire. Mais si, il le faut pour Florimond.

Ah! Stanislas, mon très cher et si bon roi. Quelle fin atroce! Il y a un peu plus de vingt ans, il mit le feu à sa robe de chambre et se blessa en tombant. Son agonie fut longue et douloureuse. Il avait quatre-vingt-huit ans. Je le pleure encore aujourd'hui.

Mais quel homme ce fut! Vigoureux, aimable, doux et tellement porté sur la bonne chère. Curieux de tout. À l'affût de nouvelles saveurs toujours et encore. Ce fut un réel bonheur que de le servir. Mon goût me portant naturellement vers la chose sucrée, je réussissais tout ce que j'entreprenais. C'est ainsi que mon bon roi exigea de moi que je me consacrasse exclusivement aux douceurs et friandises. Je devins ainsi son pâtissier. Le Pâtissier du Roi.

Certains dictionnaires donnent la gourmandise synonyme de gloutonnerie ou de voracité. Les théologiens ont placé la gourmandise, celle que Montaigne appelle la « science de la gueule », au rang des péchés capitaux. Les pauvres!

Dans un essai théologique de 1715 (date de la mort de Louis XIV), on trouve bien cette définition :

« La gourmandise n'est autre chose qu'un désir désordonné de manger ou de boire pour le plaisir qu'on y trouve... »

Grâce à Stanislas, je sus que la gourmandise n'était pas un péché.

Les pâtissiers sont soumis à d'incessantes tentations, mais une ancestrale et intelligente tradition les aide à les surmonter : un nouvel apprenti, le jour de son arrivée, peut manger à loisir tout ce qui lui fait envie.

Je me souviendrai toujours de Benjamin, un jeune garçon, encore un enfant. Il pénétra dans la cuisine, venant tout droit de sa campagne. Ses yeux s'écarquillèrent de convoitise et d'incrédulité ; jamais il n'avait goûté de telles friandises. Par où commencer ? Il avance la main vers les choux à la crème, non pas celui-là, plutôt les tourtes à la frangipane, juste une pour commencer ; il se retourne de peur qu'on ne l'observe ; il revient vers les petits choux. En prend un, le porte à sa bouche et hop ! d'une bouchée, il l'avale tout rond. Un, puis deux, puis trois ; il se retourne encore. Voyant que nous vaquions à nos affaires sans trop nous occuper de lui, il passe aux brioches bien dorées, deux, puis aux poupelins, trois ; il se lèche les babines et se jette sur un blanc-manger, un seul. Ah ! les ali-babas, il allait les oublier, et de cinq. Et les choux, c'est ce qu'il préfère. Son estomac commençait à rechigner et ses yeux se voilaient déjà d'un début de nausée. Mais comment résister quand tout est permis. Avec une énergie désespérée, il engloutit tout ce qui était sur le plateau. Pas moins de vingt choux ! Un spasme et voilà notre pauvre garçon se précipitant dans la cour...

Inutile de préciser qu'il fut malade à en crever. Pauvre petit ! Quelle indigestion ! Il eut par la suite beaucoup de mal à n'avoir pas de haut-le-cœur en préparant des crèmes. Et la leçon porte toujours ses fruits ; jamais, plus jamais, le gamin ne sera tenté de chaparder en douce quelques friandises.

Le gourmand de Jean de La Bruyère, n'est-il pas plutôt glouton que friand ?

« Cliton n'a jamais eu toute sa vie que deux affaires,
qui sont le dîner le matin et le souper le soir ; il ne
semble né que pour la digestion. Il n'a de même qu'un
entretien : il dit les entrées qui ont été servies au dernier
repas où il s'est trouvé ; il dit combien il y a eu
de potages, et quels potages ; il place ensuite le rôt
et les entremets ; il se souvient exactement de quels plats
on a relevé le premier service ; il n'oublie pas
les hors-d'œuvre, le fruit et les assiettes ; il nomme tous
les vins et toutes les liqueurs dont il a bu ; il possède
le langage des cuisines autant qu'il peut s'étendre,
et il me fait envie de manger à une bonne table
où il ne soit point. Il a surtout un palais sûr, qui ne
prend point le change, et il ne s'est jamais vu exposé
à l'horrible inconvénient de manger un mauvais
ragoût, ou de boire un vin médiocre. C'est un
personnage illustre en son genre, et qui a porté le talent
de se bien nourrir jusques où il pouvait aller :

on ne reverra plus un homme qui mange tant et si bien ;
aussi est-il l'arbitre des bons morceaux, et il n'est guère
permis d'avoir du goût pour ce qu'il désapprouve.
Mais il n'est plus : il s'est fait du moins porter à table
jusqu'au dernier soupir ; il donnait à manger le jour
qu'il est mort. Quelque part où il soit, il mange ;
et s'il revient au monde, c'est pour manger. »

La gourmandise qui tourne à l'obsession confine à la goin-frerie. Et mon gourmet ressemblerait plutôt à l'homme de goût du duc de La Rochefoucauld : « *Il y a des personnes qui ont plus d'esprit que de goût et d'autres qui ont plus de goût que d'esprit.* »

Stanislas Leszczynski était un vrai gourmet.

Je restai à son service jusqu'en 1725, date mémorable, puisqu'il maria sa fille Marie au roi de France, Louis XV. Stanislas adorait sa fille. Ce roi ne regrettait son royaume et sa fortune que pour elle. Il la voyait déjà vieille fille. En effet, qui aurait voulu d'une si pauvre héritière !
On raconte que ce mariage fut comploté par la marquise de Prie et le duc de Bourbon, alors Premier ministre. Les deux larrons spéculaient sur la compréhension et la recon-naissance d'une souveraine qui leur devrait tout… Je me suis toujours tenu éloigné des potins de la cour mais on ne peut pas empêcher ses oreilles de traîner.

Ma deuxième chance, je la dois à un caprice. Après le mariage de sa fille, Stanislas quitta Wissembourg pour habiter Chambord puis Meudon où les jeunes époux se retiraient parfois. Et Marie Leszczynska eut cette charmante toquade : elle demanda à son père si elle pouvait le priver de son pâtissier favori.

C'est ainsi que je m'installai à Versailles.

De ces années à Versailles, je n'ai gardé que le souvenir d'avoir travaillé, travaillé encore et encore. Des grands dîners, des soupers fins, des ambigus, des goûters, des fêtes, que sais-je, toujours sur la brèche, pas souvent de repos.

N'ayant que peu l'occasion de me distraire, j'ai su, avers de la médaille, économiser mes gages.

Cinq ans plus tard, je décidai de quitter la cour et de devenir mon propre maître.

Le hasard et mes moyens me permirent d'acquérir une petite échoppe, rue du Mont Orgueilleux ou Montorgueil pour simplifier, juste à côté du bureau central des chaises à porteur et face à l'auberge du Compas d'Or, tête de ligne des diligences à destination de Creil et de Gisors.

Le long chemin parcouru par la marée des ports du Nord finit dans cette rue et depuis à peine une dizaine d'années, elle est le centre du marché aux huîtres.

17 Août 1788

On annonce la banqueroute… Cela ne présage rien de bon. Je m'inquiète pour l'avenir. Pas le mien, je n'en ai plus, mais celui de ma famille…

Pour en revenir à ma modeste boutique, les clients affluè-rent très vite. De bouche à oreille, les Parisiens ont su que j'avais été le pâtissier d'un roi et de leur reine. Cela assura mon succès. C'était mon titre de noblesse. Et puis je don-nais un ton nouveau à ce type de commerce ; je réunissais, en un seul lieu, plusieurs métiers : pâtissier, confiseur, oubloyer, gastelier, pain d'épicier, gaufrier…

Jusqu'alors, un pâtissier proprement dit confectionnait surtout des pâtés salés, d'alouette, de pigeon, de chapon, de jambon, de lardons, des tartes et des « tourtes de seize façons » si j'emprunte à Rabelais cette expression, et puis des bei-gnets à la moelle de bœuf et aux œufs de brochet.

Ce n'est qu'au milieu du XVe siècle que la corporation des pâtissiers reçut des statuts spéciaux qui consacraient leurs droits mais aussi leurs devoirs. Ils obtinrent ainsi l'ex-clusivité des pâtés de viande, de poisson et de fromage.

Une ordonnance de Jean le Bon, cent ans plus tard, défendit aux « pasticiers » de vendre des pâtés rassis, même des pâtés de la veille. Plût au ciel que l'on respecte cette ordonnance de nos jours !

Les lettres patentes de juillet 1566 réunirent en une seule communauté les pâtissiers et les oubloyers.

Pendant longtemps, le métier de pâtissier, comme bien d'autres, fut une profession ambulante. Les marchands allaient, venaient, parcouraient la ville dans tous les sens, criant leurs denrées.

Mon propos n'est pas de discourir sur les cris de Paris. Mais ils m'ont toujours passionné. Ils sont l'âme de la rue. Une âme qui s'exprime avec son ventre. Le cri de Paris fut établi par Philippe-Auguste puis réglementé par saint Louis.

Les crieurs parcouraient la ville, de carrefour en carrefour, pour annoncer les actes officiels, les baptêmes, les mariages et les enterrements, le prix des diverses marchandises, les maisons à vendre ou à louer, mais aussi les objets ou les enfants disparus, l'ouverture des bains, le raccommodeur et le marchand de vieux habits.

Le nombre des petits marchands qui, du matin au soir, animaient de leurs crieries la vie des rues est immense et presque tous les métiers, presque toutes les industries, étaient ainsi représentés.

J'aimais infiniment le cri du marchand de pâtés chauds :

> « *Petits pâtés chauds, très chauds*
> *À qui l'aura, je les vends !*

Je les donne pour l'argent
Allègrement.
Où sont-ils ces petits pâtés ?
Vin clairet à dix deniers,
À six deniers le pot,
À l'enseigne du bourreau !
Pour l'argent
Je les vends, je les donne. »

Ou encore :

« *Et moy pour un tas de frians,*
Pour Gautier, Guillaume ou Michaut,
Tous les matins, je vois crians :
Eschaudez, gasteaux, pastez chaus. »

Les cris se perdent mais je ne résiste pas à citer ceux qui avaient tant de charme :

« *Pomme de Capendu, Capendu !*
C'est la pomme la plus royalle.
Je vous la vens bonne et loyalle,
À qui vendray-je le résidu ? »

Et puis :

« *Mûre, douce mûre ?*
Ça qui en veut, qui veut taster ?
Qui en voudra se faut haster,
Je ne veux point que l'on murmure. »

Et encore :

> « *Raisins, raisins doux !*
> *On les mange avec du pain.*
> *Je mourrois plustost de faim*
> *Que j'y sceusse prendre goust.* »

Et toujours :

> « *Fraize, fraize, douce fraize*
> *Approchez, petite bouche,*
> *Gardez bien qu'on en les froisse,*
> *Et gardez qu'on ne vous touche.* »

Je m'en souviens au mot près ! Ma mémoire ne m'a pas trahi.

Je me sens tout ragaillardi.

26 Août 1788

*L*oménie de Brienne a échangé son portefeuille de ministre contre un chapeau de cardinal. Probablement pas de gaieté de cœur. En tout cas, le peuple est en liesse et brûle son effigie dans les rues. Quant à nous, la maréchaussée nous oblige à fermer nos boutiques. Quelle époque !

Parmi les cris des rues, celui du marchand d'oublies fut probablement le plus populaire :

> *« Oublie, oublie ! Hoye à bons pris,*
> *Pour les grans et pour les petis,*
> *Mes dez charmeront le billon,*
> *Je n'y lairray mon corbillon*
> *Mais je chanteray la chanson. »*

L'oublie est une sorte de gaufre mince et légère, de forme cylindrique, en tube ou en cornet que l'on appelle aussi plaisir aujourd'hui.

D'où viennent les oublies ? La littérature grecque donne

le nom d'« obelias » à des petits pains cuits entre deux fers qui se mangeaient chauds. Mais mon dictionnaire prétend que le mot oublie vient de la déformation du mot « oblata » qui désigne une hostie non consacrée en latin moderne.

Qui croire ? Peu importe en fait. Dans les deux cas, c'est une pâte fine cuite entre deux fers. Mais je penche plutôt pour les Grecs ; pas pour des raisons de vraisemblance mais parce que l'autre version manque vraiment de poésie.

Au commencement, c'est-à-dire au Moyen Âge, du reste François Villon les a chantées, les oublies étaient un moyen ingénieux pour les garçons pâtissiers de tirer profit des résidus de pâte de la journée.

Le soir, ils portaient les oublies ainsi réalisées dans des paniers et les offraient aux passants ou aux portes des maisons. Ils vendaient leurs friandises par sept ou huit à la fois, certains textes parlent de cinq, ce que l'on appelait une main d'oublies.

Les oubloyers, plus tard les oublieux ou oublieurs, utilisaient comme comptoir une espèce de tambour qu'on appelait coffin ou corbillon. Je dois aussi préciser que les oublies purent se jouer au jeu de dés, les oublies et les coffins avec ! Les écoliers qui avaient gagné ces paniers les arboraient à leurs fenêtres en signe de victoire.

À l'heure où les gens du peuple avaient coutume de souper, c'est-à-dire très tôt, les oubloyers sillonnaient la ville, chargés comme des baudets et criaient haut et fort :

« Chaux pastés, chaux gastiaux,
Chaudes oublées renforcées,

16

Galètes chaudes, eschaudez,
Roinsolles,
Ça, denrées aux dés. »

Les oublies renforcées étaient des gaufres et j'en profite pour dire que les gaufriers appartenaient au corps des oubloyers.

Maintenant je donne une traduction de ce que l'on pouvait encore entendre (j'admets volontiers que le vieux français puisse lasser) :

« *Ce soir sortez sans plus attendre,*
À haute voix, sans vous lasser :
Dieu ! Qui appelle l'oubloyer ?
Quand l'un d'eux a perdu,
Il ne peut s'empêcher de crier
En sortant de la maison,
Aide-moi, Dieu de Majesté !
Que je suis né sous une mauvaise étoile
Comme me voilà mal arrangé ! »

Pour vanter leur marchandise, les oubloyers la criaient mais aussi la chantaient, rivalisant d'art et d'imagination ; tant et si bien que le chant finit par prendre le pas sur la pâtisserie et que l'on prit coutume de les inviter à entrer dans les maisons pour distraire les soupeurs.

À la longue, ces chansons sombrèrent dans la polissonnerie puis dans la grossièreté. Des personnages de plus en plus louches prenaient le nom d'oubloyers et arpentaient la ville tard dans la nuit, jusqu'au petit jour, à tel point que la police dut intervenir. Pendant la Fronde, ils conduisaient nuitamment des négociations mystérieuses.

Jusqu'au règne de François Ier, je crois, la communauté des pâtissiers était partagée en deux spécialités : les oubloyers, fabricants d'oublies et de pâtisseries légères; les pâtissiers proprement dits, faiseurs de pâtés à la viande, au fromage et au poisson.

En 1566, les oubloyers et les pâtissiers obtinrent du roi Charles IX l'autorisation de se réunir dans une même communauté et d'être régis par les mêmes statuts.

Tiens, c'est amusant, pendant que j'écris et que je lève parfois le nez en l'air pour chercher l'inspiration (eh! oui, cela ne vient pas tout seul, d'un trait, je l'avoue, je peine), mes yeux se portent sur une estampe accrochée au-dessus de ma table de travail. Cette gravure, à laquelle je tiens beaucoup, représente un marchand d'oublies justement. En voici la légende, elle est émouvante :

> « *Si tous les oublieux qui sont en cette vie*
> *S'enrolloient parmi nous dans notre confrérie,*
> *Jamais corps de métiers n'eut rien de si pompeux*
> *Qu'auroit celui des oublieux.*
> *Tout homme est oublieux, puisque tout homme oublie,*
> *L'un plus, l'autre moins, mais nul d'oubli n'est exempt,*
> *L'homme est si oublieux que lui-même il s'oublie.*
> *Et tout son esprit s'efface avec le temps.* »

Les statuts des oubloyers les autorisaient à vendre leurs friandises plus ou moins raffinées mais aussi à fabriquer des hosties et du pain à chanter.

Comme je l'ai dit, ils avaient aussi le droit de jouer aux dés leurs oublies mais pas de l'« argent sec ». S'il leur advenait de perdre le « métier » c'est-à-dire la totalité de leur cargaison, coffin compris, ils n'avaient pas le droit de le racheter pour de l'argent ; ils pouvaient seulement tenter de regagner contre d'autres oublies, si la chance tournait.

Où la fièvre du jeu ne va-t-elle pas se nicher ?

De nos jours, on ne parle plus d'oublies mais de plaisirs. Il me revient que dans un ballet-pantomime, qui eut son petit succès à la foire Saint-Germain : *Les fêtes du bois de Boulogne* de d'Orville, une marchande de plaisirs venait chanter sur un refrain populaire :

> *« En cachette se rendre ici,*
> *V'la l'plai… sir des dames.*
> *L'une vient de surprendre un mari,*
> *Et l'autre y vient prendre un ami.*
> *Savoir jouir*
> *Et contenter leurs flammes,*
> *V'la l'plai… sir des dames,*
> *V'la l'plai… sir ! »*

Les oublies les plus renommées furent d'abord celles de Lyon. Ce sont les Lyonnais qui eurent les premiers l'idée de les rouler en cornets. En les emboîtant, on pouvait aussi faire une main d'oublies.

J'avoue avoir copié. Et ce sont ces cornets qui m'ont donné

une idée dont je suis très fier. Tout d'abord, je n'aime pas le gâchis, ensuite, j'ai toujours eu quelques scrupules à vendre cher mes friandises. Alors pour quelques piécettes, j'offrais des cornets en papier remplis de miettes de mes gâteaux ou de morceaux qui n'étaient plus présentables aux enfants et aux petites gens ; je les appelai : les cornets de petits plaisirs.

Moi qui ne voulais pas faire de discours, je crois bien m'être longuement attardé sur les oublies et je m'aperçois que je n'en ai pas encore donné la recette ; la meilleure que je connaisse est celle de Nicolas de Bonnefons, valet de chambre de Louis XIV.

Les oublies

Pour une trentaine de pièces :

La pâte se fait avec 500 grammes de farine, 500 grammes de sucre en poudre, 2 œufs et un demi-litre d'eau.

Faire fondre le sucre dans l'eau froide.

Mettre la farine dans une terrine et creuser un puits.

Ajouter les œufs entiers.

Bien battre le tout en ajoutant peu à peu l'eau sucrée.

Après quoi, ajouter 30 grammes de bon beurre frais qu'il faut faire fondre avec un peu d'eau et le verser bien chaud dans la pâte. Mêler le tout bien promptement ensemble ; la consistance obtenue doit être telle que la pâte doit pouvoir être roulée sous la paume de la main.

Former à la main des petites boules.

Chauffer à feu vif un gaufrier préalablement beurré.

Placer une boule de pâte dans le gaufrier et fermer en appuyant fortement.

Chauffer moins d'une minute de chaque côté.

Les oublies se mangent chaudes ou froides, plates ou en cornets.

1ᵉʳ Septembre 1788

Je ne suis pas raisonnable. J'ai abandonné ce journal depuis quelques jours.

Mais j'ai la tête pleine des événements qui se déroulent en ce moment à Paris. Brienne est parti, Necker le remplace, la banqueroute s'installe, l'agitation demeure.

Dans la rue, la foule déchaînée allume des incendies et se livre impunément au pillage et au meurtre. Mais, depuis hier, le maréchal de Biron a repris les choses en main et le calme est revenu.

Je n'aime pas ça du tout.

J'étais dans l'embarras l'autre jour, comment m'y prendre ?

J'ai pris le parti de dérouler le fil de l'histoire fabuleuse des gâteaux.

Mais j'ai si peur d'être confus, de m'égarer…

Après avoir passé de longues heures le nez dans les livres chez le roi Stanislas, le goût des bibliothèques m'est resté. Chez Stanislas, je me suis cultivé, j'ai appris, j'ai lu les anciens et les modernes, des romans, de la philosophie, beaucoup de théâtre, un peu de poésie. À Paris, j'ai cherché à en savoir plus sur la cuisine de mes ancêtres. Au fil des années, j'ai acquis un nombre considérable d'ouvrages et, au moindre moment de tranquillité, je m'installais confortablement dans ma bibliothèque et je dévorais… des yeux tout ce qui me tombait entre les mains.

Puis, après avoir pris un certain nombre de notes et commentaires, j'essayais de reproduire les recettes que je trouvais intéressantes et pas seulement en pâtisserie.

C'est si émouvant d'essayer quelque chose qui a deux mille ans d'âge, de se transporter dans le passé, de faire les mêmes gestes…

À ma connaissance, la cuisine la plus ancienne remonte à la Mésopotamie. C'est en tous cas dans le palais de Mari, au bord de l'Euphrate, que l'on retrouva le journal quotidien, couvrant plusieurs années, du grand chef de la cuisine royale. On y confectionnait beaucoup de gâteaux de farine ou de semoule. On a même retrouvé à Mari une grande variété de moules à gâteaux. Malheureusement, ce journal n'était pas un livre de recettes. Sans doute étaient-elles transmises de mère en fille ?

Apparemment la pâtisserie la plus répandue était le « mersu », d'exécution assez compliquée, à base de farine, beurre, miel, dattes et raisins ou pistaches.

Dans la Grèce antique, le terme de « plakous », gâteaux, désignait le plus souvent une pâtisserie de farine d'avoine, de fromage et de miel.

D'autres gâteaux se composaient de sésame, de blé rôti ou grillé, de farine d'orge, de froment, d'huile ou de fromage comme matière grasse et toujours beaucoup de miel pour sucrer ; le miel était aussi employé avec le blanc d'œuf, pour la confection d'une sorte de blanc-manger.

Certains se cuisaient sous la cendre, d'autres à la poêle. On trouvait des gaufres cuites entre deux fers, des pâtes frites à l'huile.

Le « nastos » était le frère jumeau du « mersu » et le « basyma » était à base de figues et de noix et enfin le « gastritis », spécialité athénienne, à base de fruits secs et de miel.

Je me suis amusé à essayer de refaire ces desserts de la Grèce antique.

Je suis content d'avoir réussi ce que j'ai appelé le « pain d'automne » en prenant les ingrédients de base du « basyma ».

le Pain d'automne

Pour 10 personnes :

Prendre 125 grammes de figues sèches, les couper en deux et les faire bouillir dans un peu de lait.

Faire réduire ce lait pour assouplir les fruits puis les égoutter.

Ajouter 125 grammes de noix hachées pas trop finement.

STANISLAS LECZINSKY

51 RUE DU MONT ORGUEiLLEUX
PATiSSERiE STOHRER

Moyen-Age

Oublie, oubli...
Pour les gr...
Mes de...
Je n'y...
Mais je...

Oublies

Talmouses

Poupelins

Marchand d'Oubli...

~ Les Épices ~

Canelle

Cumin

Giro...

Poivre

Muscade

D'abord réaliser 50 grammes de levain de
la façon suivante : déposer 40 grammes de farine
tamisée sur la table, creuser un puits puis délayer
10 grammes de levure de boulanger avec 1 cuillerée
de lait juste tiédi de façon à favoriser l'action de
la levure. Mélanger rapidement du bout des doigts
la levure et la farine.

Ajouter éventuellement un peu de lait pour
obtenir une pâte mollette. Laisser lever pendant
1 heure dans un endroit assez chaud jusqu'à ce que
le levain se gonfle, crevasse et s'écaille en surface.

Puis réaliser une pâte très souple avec
500 grammes de farine, 10 grammes de sel,
30 grammes de miel d'acacia, 20 grammes de
levure de boulanger, 1 œuf, 275 grammes de lait
et les 50 grammes de levain.

Dans un premier temps, il faut pétrir la pâte
4 à 5 minutes, lentement.

Dans un deuxième temps, après avoir ajouté
75 grammes de beurre, il faut pétrir la pâte d'un
mouvement plus rapide, 7 à 8 minutes.

Faire lever cette pâte 1 heure à température
ambiante.

Ensuite, on la façonne de la forme que l'on veut,
en boule ou en pain long, dans un moule beurré ou
sur une plaque.

Dorer à l'œuf.

La cuisson est rapide, 20 minutes au maximum.

Bien sûr, les Grecs ne connaissaient pas la levure, mais ce pain est délicieux le matin avec une légère couche de confiture de figues ou au goûter, petit repas du milieu de l'après-midi, de plus en plus en vogue chez les gens de qualité.

Quant au « gastritis », je n'ai utilisé qu'une partie de la recette pour en faire une confiserie très goûteuse.

le Vénitien

Hacher et faire griller au four 200 grammes de noix, 200 grammes d'amandes et 40 grammes de graines de pavot.

Faire frémir à feu doux afin de le liquéfier 400 grammes de miel de fleurs de châtaignier.

On ajoute 2 pincées (1 gramme environ) de poivre. Bien triturer le mélange.

Mettre cet appareil en carré sur une plaque recouverte d'un papier beurré.

Faire cuire au four 20 minutes.

Puis laisser refroidir hors du four, voire au froid.

Enfin, couper en dés.

J'ai proposé cette friandise à mes chers clients gourmands sous le nom de « Vénitien », le commerce des épices passant par Venise (ou par Gênes, mais cela fait moins rêver).

C'était le pendant du florentin, à base de fruits secs et de fruits confits, dont le nom, on pourrait le croire, ne vient pas de la ville de Florence mais tout simplement de son créateur, le pâtissier Florent.

La liste des pâtisseries de la Grèce ancienne est longue, ce qui nous prouve que les pâtissiers parvenaient assez habilement à tirer quelque variété d'un petit nombre d'éléments, jouant sur les modes de cuisson et les parfums.

Mais passons à Rome. Un pays hautement civilisé puisque la cuisine y est considérée comme un art. Voilà des gens dont je n'ai pas honte d'être le descendant.

Grâce à Apicius, nous sommes en mesure de reproduire de nombreuses recettes romaines. Mais quel Apicius ? Il y en eut quatre, tous fort épris de cuisine.

Du premier, on ne sait pas grand chose.

Le troisième vivait sous le règne de Trajan. C'est lui qui trouva le moyen de conserver les huîtres fraîches.

Il faut bien que le quatrième ait vécu après l'empereur Commode car il parle, dans son traité sur la cuisine, des encycles de ce dernier.

C'est le second, dans l'ordre chronologique, puisqu'il vécut sous Tibère, qui reste le plus célèbre.

Il était connu pour l'extrême raffinement de son goût, sa table somptueuse et l'extravagance de ses dépenses. Il était capable d'engloutir en un seul repas des sommes astronomiques. Après quelques années de ce régime, il calcula l'état de sa fortune et constata qu'il ne lui restait plus que quarante millions de sesterces. C'était encore une somme considérable mais pas inépuisable. Condamné à moins de faste, il préféra s'empoisonner.

Donc un Apicius composa un traité sur la manière d'aiguiser l'appétit qui porte bien son nom, *De gulae irritamentis*. Sénèque se montra très sévère à son encontre car il écrivit, un jour où il devait être particulièrement amer :

> « *Apicius a vécu notre temps. Il a professé dans la même ville qui avait autrefois chassé les philosophes, comme corrupteurs de la jeunesse ; il a professé la science de la cuisine et a infecté son siècle de son goût dépravé pour cette basse étude.* »

Alors, juste pour embêter Sénèque, je reproduis ici une des recettes sucrées d'Apicius :

> « *Ayez de la fleur de farine ; cuisez-la à l'eau et faites-en une bouillie très épaisse. Vous étendrez cette bouillie sur une planche à pâtisserie et vous la découperez en cubes quand elle sera froide. Faites frire ces cubes dans la meilleure huile, comme si c'étaient des gâteaux. Enlevez-les de la poêle, nappez-les de miel, saupoudrez-les de poivre, puis servez-les. Ces gâteaux seront meilleurs si vous remplacez l'eau par du lait.* »

Je pourrais compléter ce tableau antique en disant un mot de l'hydromel, un mélange de beaucoup d'eau et d'un peu de miel fermenté. Par la suite, on en perfectionna le goût en ajoutant du vin et des herbes aromatiques.

Le goût des Romains de la décadence tourna à la démesure. Tout était prétexte à grossir la dépense. Les mets n'étant pas assez chers, on y mêla de l'or, des perles et des pierres précieuses. Le luxe de la présentation était inouï. À toutes ces richesses, on ajoutait de l'insolite : Pline admirait un arbre ingénieusement greffé qui portait à la fois des poires, des pommes, des figues et des noix !

Décidément, ces Romains étaient un peu fous !

4 Septembre 1788

Mon fils Antoine sort de chez moi. Il a fait irruption dans ma chambre, tout à l'heure, échevelé, gesticulant, bafouillant. L'effervescence règne en bas, dans l'arrière-boutique où se confectionnent toutes nos douceurs. Notre chef-pâtissier a trouvé fort malin de séduire et d'engrosser la fille de notre voisin, celui-là même qui dirige le bureau central des chaises à porteur.

Blaise est un beau et bon garçon, sans doute un peu trop charmeur mais cette fois il est bel et bien amoureux. Il propose le mariage. Le père de la jeune fille s'y oppose… il n'a pas assez de biens. Qu'à cela ne tienne, a dit Blaise, je pars et je l'enlève. Il ne peut pas faire pareille bêtise et je ne veux pas qu'il s'en aille. C'est un excellent pâtissier.

Il est vrai que sa bourse est plate et qu'il lui faudra encore attendre, tant mieux pour nous, avant d'être maître chez lui, dépensier comme il est !

Mon fils se noie dans un verre d'eau. Comme si, à mon âge, on ne pouvait pas m'épargner les soucis domestiques.

Bien sûr j'apprécie beaucoup Blaise, bien sûr j'aime ce garçon. Il a commencé jeune comme moi. Et il est doué.

Je pense aussi qu'une femme sensée comme la petite Angélique lui fera faire enfin des économies.

Bon, puisqu'il le faut, pour la maison et ma tranquillité, j'irai chez le père de cette jeune fille et lui annoncerai que je dote un peu ce garçon. Pas trop tout de même, je n'ai pas envie qu'il me quitte trop vite.

J'ai la tête en ébullition ; cette petite histoire m'a perturbé, je peine à reprendre le fil de ma grande histoire.

Bon nombre de recettes utiliseront le lait ou le beurre. Il va de soi que cela demande quelques précisions.

Tout d'abord, sur le lait. Il avait son cri, bien sûr, dans les années 1550 :

> « *Au matin pour commencement*
> *Je crie du laict pour les nourrices*
> *Pour nourrir les petis enfans*
> *Disant ça toste le pot, nourrices !* »

Il venait des fermes installées dans Paris même comme la ferme Saint-Lazare, rue du Faubourg Saint-Denis, ou des villages avoisinants et se vendait dans des échoppes ou sur une petite place proche de Saint-Jacques de la Boucherie près du Grand Châtelet.

De nos jours, les nourrices ne sont plus les seules à désirer du lait. Et le lait n'est plus destiné uniquement à être bu ; les boulangers et les pâtissiers le réclament également.

Et qui parle de lait en vient au beurre. L'Ancien Testament le cite à plusieurs reprises ce qui nous prouve son ancienneté. Mais à quel usage était-il destiné ? Les Romains l'utilisaient comme onguent en lui attribuant des vertus cicatrisantes. Il est vrai, que de nos jours encore, on dit que du beurre sur une brûlure…

Les Scythes, anciens peuples barbares et nomades du nord-est de l'Europe et du nord-ouest de l'Asie et envahisseurs de la Mésopotamie, obtenaient bien cruellement leur beurre si l'on en croit Hérodote ; ils crevaient les yeux de leurs esclaves « afin que rien ne pût les distraire et les empêcher de battre le lait. »

Le beurre pénétra en France, je ne saurais trop dire à quelle époque, grâce aux Normands, grands arpenteurs des mers. Il va sans dire que pendant longtemps le beurre fut considéré comme rare et barbare. À présent, il n'est plus du tout barbare, il est devenu moins rare mais reste un mets de choix et par conséquent onéreux.

Le beurre le plus estimé fut d'abord celui de Vanves ; il avait évidemment son cri :

> « *Beurre de Vanves. C'est du meilleur*
> *Qui onc entra dedans Paris.*
> *Achetez-le, dame d'honneur,*
> *Et le salez pour vos maris.* »

Puis, au siècle dernier, ce fut celui que vendaient les religieuses de l'Enfant-Jésus établies dans la rue Notre-Dame-des-Champs et, de nos jours, le plus prisé est celui de Gournay ou d'Isigny.

24 Septembre 1788

Je respire, l'affaire Blaise est réglée, le mariage se fera. Le père de la petite s'est un peu fait prier mais, finalement, il est très content que cela se termine ainsi. L'honneur de sa fille est sauf, son gendre deviendra un jour un patron et il va être bientôt grand-père. Tout va bien… sauf moi ; cette affaire m'a épuisé, ce n'est plus de mon âge, je l'ai déjà dit.

Ce qui n'est plus de mon âge, non plus, c'est de voir mon pays s'ébranler. Le trésor est presque vide. Lamoignon abandonne les Sceaux qui sont remis à Barentin, célèbre pour sa bêtise. Les émeutes sont de moins en moins réprimées. Necker s'imagine qu'il va redresser les finances publiques en faisant voter de nouveaux impôts et en lançant des emprunts. S'il avait été boutiquier comme moi, il saurait que dépenser plus d'argent qu'on en a ne peut mener qu'à la ruine.

Ce qui me console tant soit peu, c'est que si les choses doivent tourner mal, je ne serai plus là pour constater les dégâts.

Bon, il est grand temps que j'en revienne à mon histoire. J'en étais arrivé au Moyen Âge.

Le mot « entremets » désignait à l'origine les divertissements qui aidaient les convives des festins interminables à prendre patience entre deux mets. Ces intermèdes étaient généralement accompagnés de douceurs ou de rafraîchissements. Le divertissement disparu, ce sont ces accompagnements qui prirent le nom d'entremets.

L'entremets comprenait aussi bien des plats de légumes que des douceurs telles que gelées à la rose, confitures et gâteaux.

Aujourd'hui, il ne désigne plus guère que le service qui suit le rôt et précède le fruit.

En ce qui me concerne, l'entremets reste pour moi du domaine de la friandise. Et le temps où l'entremets ne sera plus qu'une chose sucrée n'est peut-être pas si loin…

Il est difficile d'aborder la cuisine du Moyen Âge sans parler des épices.

À cette époque, les épices désignaient non seulement les aromates d'assaisonnement, mais aussi toutes sortes de confiseries telles que les dragées, confitures, fruits confits, bonbons, nougats, massepains qui étaient fort prisés à la fin des repas.

On distinguait les épices de chambre, celles qu'on avait toujours à portée de main et qu'on dégustait en dehors des repas, et les épices de cuisine qui servaient à relever et à agrémenter une cuisine lourde, fade et monotone.

Les dragées à l'anis, au fenouil, à la coriandre ou au gingembre servaient aussi à faciliter la digestion et à parfumer l'haleine.

L'utilisation des épices alla jusqu'à l'excès.

Pourtant elles étaient rares et chères. Si rares et si chères qu'on les offrait aux grands de ce monde, aux hôtes illustres et même aux souverains. Les plaideurs prirent l'habitude d'en offrir au juge qui avait tranché un différend à leur satisfaction. Mais l'usage appelle l'abus et, de simple signe de reconnaissance, les épices devinrent rapidement un instrument de corruption. Puis, les épices devenant moins rares, grâce aux croisades, les juges furent payés en monnaie sonnante et trébuchante. La pratique cessa, mais l'expression demeura : « Celui qui gagne son procès paie les épices ».

Au Moyen Âge, les épiciers étaient grands personnages. Et pourtant, on les surnommait « épiciers d'enfer ». Les redoutait-on ? Ou est-ce parce qu'ils vendaient des denrées faites pour exciter le palais et les nerfs, pour incendier les corps du feu infernal ?

Leur réputation était telle et leur marchandise tellement demandée que pour attirer le chaland ils avaient à peine à se mêler aux cris de la rue.

Leur chansonnette le dit :

> *« Nous n'avons que faire de cry*
> *Entre nous, espiciers d'enfer*
> *Notre vue découvre le fait*
> *Nous le démontrons par escrit. »*

La corporation des épiciers était l'une des plus puissantes ; elle avait le monopole du contrôle des poids et des mesures.

Le roi avait son épicier particulier.

Cette folie des épices aboutit à la création d'une des plus grandes friandises du Moyen Âge : le pain d'épice qui fut « boichet » en Bourgogne.

Son origine est très ancienne, je crois. Il semble que ce soit au XIe siècle, à la faveur des croisades, que l'Europe découvrit le pain d'épice. À Pithiviers, ce serait saint Grégoire, évêque d'Arménie, qui l'aurait introduit. À Dijon, ce serait à l'occasion du mariage de Philippe le Hardi qu'il serait né ; ou encore Philippe le Bon, duc de Bourgogne, qui « après avoir goûté à Courtrai (en Flandres) en l'an de grâce 1452, une galette au suc d'abeille » aurait ramené le confectionneur et sa recette dans son palais dijonnais.

Peu importe, du reste, depuis les temps les plus reculés, le meilleur pain d'épice se fabrique à Reims.

La corporation des pains d'épiciers fut reconnue officiellement par Henri IV. Et par-ci, par-là, on peut encore voir des marchands ambulants le crier de par les rues.

Le pain d'épice est une merveille, un régal, et le déguster en tranches avec une couche épaisse de beurre salé est un vrai plaisir.

Le sommeil me gagne. On verra demain pour la recette.

J'ai attrapé un mauvais rhume. L'automne arrive bien vite cette année. Pas de soleil mais de la pluie en permanence.

Je serai bien, pour réfléchir, sous mon édredon.

1er Octobre 1788

J'ai gardé la chambre tout ce temps. Il pleut encore. Au lit, somnolant, entre tisane et bouillon, aucune énergie pour écrire, la tête vide, le corps fiévreux.

Ce n'était peut-être pas un simple rhume ? Enfin, je me suis soigné avec des pastilles au miel et des tisanes un peu arrosées de rhum et aromatisées de clous de girofle, de cannelle, de poivre, et je suis guéri.

J'ai lu dans la gazette, ce matin, que les semailles et les récoltes de l'année prochaine sont compromises. Il fait si mauvais temps !

Si cela est vrai, ce sera une affliction pour notre corporation.

Revenons à nos moutons ou plutôt à notre pain d'épice. En voici la recette :

le Pain d'épice

Pour 8 personnes :

Mélanger avec un fouet pour émulsionner
– ce qui va donner sa légèreté à l'appareil –
100 grammes de miel de châtaignier, 5 grammes
de fondant, 3 grammes de cassonade, 3 grammes
de sucre en poudre, 20 grammes de beurre fondu,
10 grammes d'huile d'arachide, 80 grammes de
lait, 1 gousse de vanille grattée, 2 grammes
d'anisette de Bordeaux ou d'anis espagnol,
40 grammes de farine de seigle noir et 70 grammes
de farine de blé.

Il faut que la pâte soit bien homogène.

Puis verser 50 grammes de marmelade d'orange
amère, 20 grammes d'amandes effilées, 6 grammes
de bicarbonate de soude, une pointe de couteau
de cannelle, une pointe de couteau de badiane,
une pointe de couteau de quatre-épices. Battre le
tout rapidement.

Mettre la pâte dans un moule rectangulaire avec
du papier beurré.

Dorer au jaune d'œuf. Et cuire au four chaud
pendant une demi-heure

Les romans et les fabliaux du Moyen Âge mentionnent un grand nombre de plats. Une des listes les plus importantes se trouve dans le *Roman du comte d'Anjou*.

On y lit l'histoire de cette comtesse qui s'est enfuie du manoir paternel ; le regret de la bonne chère qu'elle y faisait la tenaille et elle se lamente auprès de la vieille femme qui l'a recueillie :

> *« J'avoie gauffres et oubleez,*
> *Gouières, tartes, flaonciaux,*
> *Pipes farses a grans monciaux,*
> *Pomme d'espices, dirioles,*
> *Crespines, bingnés et ruissoles.*
> *Si bévoine vins précieux… »*

Les gaufres, que l'on appelait aussi les oublies renforcées, étaient principalement vendues dans la rue, sur les places, devant les porches des églises. La concurrence était telle qu'une ordonnance de Charles IX dut fixer à au moins deux toises la distance entre deux marchands de gaufres.

Voici une recette toute simple de gaufres légères, croquantes au-dessus, tendres en-dedans qui se servent chaudes ou tièdes, saupoudrées de sucre glace, de gelée de coings ou de confiture de rose.

les Gaufres

Pour 24 gaufres :

Prendre 230 grammes de lait, 2 grammes de sel et 100 grammes de beurre ; faire bouillir le tout dans une casserole.

Hors du feu, jeter d'un seul coup 250 grammes de farine.

Remettre sur le feu quelques minutes pour dessécher la pâte.

Hors du feu de nouveau, ajouter 7 œufs entiers et 4 blancs d'œuf, puis 250 grammes de lait, 250 grammes de crème fleurette et 15 grammes de levure de boulanger diluée dans 70 grammes de lait.

Laisser reposer quelques heures (le matin pour l'après-midi, par exemple).

Faire chauffer le gaufrier sur le feu ; quand il est chaud, le beurrer à l'aide d'un tampon ou d'un tissu imprégné de beurre.

Verser avec une petite louche suffisamment de pâte pour remplir une moitié du moule.

Fermer et faire cuire les gaufres environ 2 minutes de chaque côté.

Les beignets sont sans doute d'origine sarrasine ; ils auraient été apportés en France par les croisés. Joinville raconte dans son *Histoire de saint Louis* que, quand ce dernier fut pris par les Sarrasins, ceux-ci lui apportèrent des « begniets de fourmaiges » qui avaient été cuits au soleil.

Le principe est simple : le morceau à cuire est enveloppé de pâte à frire et jeté dans une friture d'huile bouillante. Je ne m'attarde pas non plus sur les beignets du Moyen Âge, sans grand intérêt. Nous verrons, dans les années à venir, des recettes bien plus intéressantes, y compris ce que le Moyen Âge appelait les « beignets venteux » et qui ne sont pas autre chose que nos pets-de-nonne.

La petite histoire veut que ce soit le célèbre pâtissier Favart, protégé de Mme de Pompadour qui inventa l'échaudé. Mais au XIIIe siècle, on connaissait déjà les échaudés. Au XVIe siècle, on les chantait ainsi :

> « *Et se crier vous entendez*
> *Parmy Paris tretous les cris,*
> *Crier orrez les eschaudez*
> *Qui sont aux œufs et beurre pestris !* »

Ce n'est que de nos jours que l'on a trouvé le moyen de les faire gonfler en ajoutant, à la pâte, quelques grammes de potasse.

C'était un pain fait d'une pâte plus ou moins riche suivant que l'on y mettait de l'eau ou du lait, du beurre et des œufs. On « échaudait » cette pâte, c'est-à-dire qu'on la plongeait par petite quantité dans de l'eau bouillante, d'où son nom, avant de la faire cuire au four.

Parmi les pâtisseries les plus communes, on trouvait les ratons et les darioles, les casse-museaux dont je n'ai jamais très bien su ce que c'était, les gimblettes, variante de l'échaudé ; elles auraient été inventées par les moines de Nanterre qui en auraient confié, au XVᵉ siècle, la recette au chanoine d'Albi qui en a fait sa spécialité.

Je ne m'étendrai pas sur les ratons et les darioles, pâtisseries au fromage ni sur les rissoles faites de viande hachée et épicée, enveloppée dans de la pâte.

On verra plus tard que la dariole abandonnera le fromage pour n'être plus qu'une pâtisserie à la crème dans un feuilletage.

Je n'oublie pas le poupelin et la talmouse. Tous deux se réalisent avec de la pâte à choux dite alors « pâte à chaud » dont voici la recette.

la Pâte à choux

Pour 750 grammes de pâte à choux :

Prendre 125 grammes d'eau, 125 grammes
de lait, 125 grammes de beurre, 5 grammes de sel,
8 grammes de sucre en poudre.

Faire chauffer le tout ensemble dans une
casserole, sur le feu.

Quand arrive l'ébullition, tout en continuant
de mélanger, retirer la casserole du feu.
Incorporer 125 grammes de farine, remettre
la casserole sur le feu pour dessécher la pâte.

Puis, hors du feu, incorporer 4 à 5 œufs entiers
fouettés et chinoisés.

Laisser refroidir.

Voilà pour la pâte.

Le poupelin, dont on dit qu'il était en forme de sein (popelin ayant le sens de tétin), se prépare de la façon suivante :

le Poupelin

Pour une trentaine de poupelins :

Quand la pâte à choux est faite, poser à l'aide d'une cuiller des petits tas sur une plaque.

Les faire cuire au four chaud, d'abord fermé, puis quand la pâte à choux commence à monter, entrouvrir le four.

Les choux sont cuits quand ils ont pris une belle couleur dorée.

Une fois refroidis, les couper en deux.

Faire fondre du beurre dans une petite casserole.

Badigeonner, à l'aide d'un pinceau, l'intérieur de ces demi-choux.

Saupoudrer de sucre vanillé avec une gousse de vanille grattée.

Refermer les choux pour former les poupelins.

Beurrer le chapeau de chaque choux.

Saupoudrer de sucre vanillé, abondamment, ce qui donne du croquant aux gâteaux.

Les poser sur une plaque et cuire au four 10 minutes.

On peut les manger tels quels ou les fourrer de crème.

De nos jours, les talmouses seraient plus à leur place avec les entrées puisqu'elles sont des « pâtisseries » au fromage, à moins d'ajouter du sucre ou du miel et d'utiliser du fromage non salé, ce qui est tout à fait délicieux, mais ne correspond plus exactement à la recette traditionnelle.

C'est au XVᵉ siècle que les talmouses de Saint-Denis eurent leur plus grande vogue. C'était un des gâteaux favoris de Louis XI.

Confectionnées à l'origine par la corporation des talemeliers de Saint-Denis, elles se composaient d'une abaisse de pâte feuilletée aux bords relevés en forme de tricorne, garnie de pâte à choux et de fromage frais, dorée à l'œuf.

L'abaisse de pâte feuilletée se confectionne ainsi :

la Pâte feuilletée

Pour 1,2 kilogramme de pâte :

La veille de la confection des gâteaux, directement sur la table de travail, faire un puits avec 175 grammes de farine de gruau et 325 grammes de farine ordinaire.

Dans ce puits, mettre 225 grammes d'eau froide, 12 grammes de sel, 7 grammes de vinaigre d'alcool et 75 grammes de beurre fondu.

Bien mélanger avec l'extrémité des doigts.

Pétrir jusqu'à ce que la pâte se décolle de la table de travail. Il ne faut surtout pas donner du corps à la pâte en fin de pétrissage.

Ce mélange va donner un pâton d'environ 800 grammes.

Peser ce pâton pour en connaître le poids exact et prendre la moitié de ce poids en beurre, soit 400 grammes environ.

Aplatir ce beurre. Il doit être de la même consistance que le pâton.

Laisser reposer la pâte couverte d'un linge une demi-heure, au froid.

Au rouleau, étendre la pâte en carré.

Poser le beurre au centre de ce carré. Replier les quatre côtés sur le beurre.

Allonger la pâte en rectangle et plier la pâte en portefeuille. Lui faire faire un quart de tour et recommencer, c'est-à-dire allonger en rectangle et replier en portefeuille.

Laisser reposer une demi-heure.

Recommencer la même opération.

Laisser reposer une nuit au froid.

Le lendemain, recommencer une troisième fois cette opération.

Et voici à présent la recette de la talmouse proprement dite :

la *Talmouse*

Pour 8 talmouses :

Prélever 250 grammes de pâte feuilletée.
Beurrer des petits moules à pâté.
Étendre une dernière fois la pâte.
Foncer les moules de façon que la pâte déborde pour pouvoir être repliée en couvercle.
À 200 grammes de pâte à choux, incorporer 150 grammes d'un fromage frais non salé.
Mélanger soigneusement la pâte et le fromage. Si l'on veut réaliser des talmouses sucrées, ajouter 2 grosses cuillerées de miel.
Répartir la préparation au fromage en parts égales sur les abaisses de pâte feuilletée ; relever la pâte feuilletée qui déborde des moules mais sans enfermer totalement la préparation au fromage. Pincer pour former une sorte de tricorne.
Battre 1 œuf, dorer le dessus des talmouses.
Mettre à four moyen pendant 40 minutes.
Présenter très chaud.

Dans son *Grand Testament*, François Villon a poétisé la talmouse :

> *« Item, à Jehan Raguyer je donne,*
> *Qui est sergent, voire des Douze,*
> *Tant qu'il vivra, ainsi l'ordonne,*
> *Tous les jours une talemouze,*
> *Pour brouter et fourer sa mouse*
> *Prince à la table de Bailly ;*
> *À Maubuay sa gorge arrouse,*
> *Car à manger n'a pas failly. »*

La mouse était le museau et la fontaine Maubuée, c'est-à-dire malpropre, était située à l'entrée de la rue du même nom, qui n'avait alors que des filles et des mauvais garçons pour habitants.

J'ai présumé de mes forces, je ne voulais pas terminer ce soir sans parler du blanc-manger. Mais, non, décidément, je suis encore trop faible et cela m'agace.

Ma fille et ma bru me houspillent. Elles m'agacent aussi ; elles me considèrent comme un vieillard très malade ou peut-être un nourrisson.

Peste soit des femmes et de leur caquet !

Je ne suis pas vieux et je ne suis plus malade… seulement un peu fatigué !

Le liure de taillevent
grant cuyfinier du
Roy de France.

LE MESNAGE

Le Blanc-Manger

2 Octobre 1788

Je préfère encore garder la chambre. On n'est jamais assez prudent, surtout à mon âge. Je suis loin d'être le jeune homme que je croyais être hier. Un jour euphorique, le lendemain morose. Cela aussi, ce doit être une question d'âge !

Où en étais-je ? Ces femmes me feront perdre l'esprit. Ah ! oui le blanc-manger.

Il paraît que c'était l'entremets préféré de Mme de Maintenon.

Il est sans doute l'un des plus anciens encore dégustés de nos jours.

Au Moyen Âge, le blanc-manger, fort prisé, était soit une gelée de viande blanche faite avec de la chair de chapon ou de veau, soit une crème de lait d'amandes aromatisée et miellée.

C'est le blanc-manger sucré qui a résisté au temps.

À partir des recettes anciennes, j'ai concocté un succulent entremets aux fruits d'été : cerises, fraises, framboises, abricots, pêches, poires, oranges, figues… Dès que la belle saison arrive, on se presse chez nous pour acheter cette petite merveille.

Tout d'abord, voyons la version « ancienne » qui est fort agréable à déguster malgré sa simplicité.

le Blanc-manger

Pour 6 personnes :

Piler 160 grammes d'amandes ou prendre de la poudre d'amandes. Verser dessus 500 grammes d'eau et une goutte d'arôme d'amande amère et passer ce mélange, en pressant fortement, dans une étamine au-dessus d'une casserole ; on obtiendra ainsi 250 grammes de lait d'amandes d'un beau blanc de neige.

Ajouter à ce lait d'amandes 250 grammes de sucre en poudre et 20 grammes de gélatine (ou 4 feuilles) dissoute à l'eau froide et bien égouttée. Bien mélanger et porter le tout à ébullition sur feu doux. Puis, passer le tout à travers un tamis fin ou un chinois. Laisser refroidir mais pas gélifier. Verser ensuite dans des moules légèrement huilés.

Laisser refroidir pendant 1 heure ou plus.

Démouler au moment de servir. Si le démoulage offrait quelques difficultés, tremper le moule dans de l'eau chaude pendant quelques instants.

Maintenant, voyons la mienne, celle dont je suis si fier. L'exemple que je donne est à la figue mais la recette est valable pour tous les fruits que j'ai déjà cités. Avant toute chose, il faut préparer une abaisse de biscuit à la cuiller.

le Biscuit à la cuiller

Pour 25 biscuits ou une feuille d'abaisse :

Prendre 5 œufs et séparer les blancs des jaunes.

Dans une terrine, fouetter énergiquement les jaunes avec 75 grammes de sucre en poudre pour obtenir un mélange blanc et mousseux. Parfumer avec une demi-gousse de vanille grattée.

Battre les blancs en neige très ferme puis rajouter en cours de route 50 grammes de sucre en poudre.

Mélanger délicatement les blancs et les jaunes avec une cuiller en bois.

Puis, incorporer en pluie 125 grammes de farine tamisée. Remuer doucement.

Ne pas mélanger plus que nécessaire pour empêcher la pâte de retomber.

Lorsque la pâte est bien lisse, la coucher sur une plaque recouverte d'un papier beurré et dans un cercle du diamètre du moule qui servira au blanc-manger.

Faire cuire dans un four chaud pendant un

quart d'heure. Surveiller attentivement la cuisson et retirer le biscuit dès qu'il commence à blondir. Pour le décoller, raser le papier avec une lame d'un grand couteau de cuisine tant qu'il est chaud.

Juste un petit conseil : le biscuit à la cuiller sera parfaitement réussi si les jaunes sont bien battus en mousse blanchâtre avec le sucre et les blancs montés en neige très ferme.

Pendant que le biscuit à la cuiller est au four, préparer l'appareil, c'est-à-dire le blanc-manger.

le Blanc-manger à la figue

Pour 10 personnes :

Faire ramollir 20 grammes de gélatine (ou 4 feuilles) dans de l'eau froide.

Faire frémir un demi-litre de lait avec 160 grammes d'amande en poudre et une goutte d'arôme d'amande amère. Laisser refroidir.

Tartiner le biscuit à la cuiller, une fois refroidi, d'une légère couche de confiture de figue.

Dans une étamine, presser fortement les amandes et le lait pour en extraire 250 grammes.

Battre 3 jaunes d'œuf avec 80 grammes de sucre en poudre.

Réchauffer le lait d'amande.

Hors du feu, incorporer les jaunes et le sucre battus ; faire très attention à cuire les jaunes sans les brûler ; l'opération est délicate.

Tout en continuant à fouetter, incorporer la gélatine bien égouttée. Ajouter une demi-gousse de vanille grattée. Laisser refroidir.

Pendant ce temps, préparer un sirop de figue :

Piler 2 belles figues bien mûres puis ajouter 55 grammes d'eau et 60 grammes de sucre. Bien fouetter pour bien mélanger et chinoiser.

Faire monter en « bec d'oiseau » 50 grammes de crème fleurette, c'est-à-dire soulever la crème avec le fouet et faire un quart de tour ; il faut que la crème montée retombe légèrement en prenant la forme du bec d'un oiseau.

Pendant ce temps, éplucher 5 belles figues et les couper en tranches.

Ajouter la crème montée au lait d'amande.

Sur les parois d'un moule à kugelhopf huilé, disposer des tranches de figue.

Puis verser la crème dans laquelle on a incorporé le reste des figues.

Imbiber copieusement le biscuit à la cuiller dans le sirop et le poser sur l'appareil comme un couvercle.

Mettre au froid.

Au moment de servir, démouler en trempant

*très rapidement le moule dans de l'eau chaude ;
le biscuit devenant ainsi le fond du gâteau.*

Poser sur un plat de service.

*Dans le creux, disposer des quartiers de fruits ou
une décoration de fruits confits, d'une petite branche
de menthe, ce que votre imagination vous inspirera.*

*On peut le servir également avec une saucière
de coulis du fruit utilisé.*

*Ce blanc-manger peut également être parfumé,
suivant le fruit choisi, avec un alcool tel que le
kirsch, le marasquin, le rhum...*

Le Moyen Âge est une époque d'une richesse inépuisable et je vais m'y attarder encore un peu.

Comment mettre un point final à ce chapitre sans citer
deux hommes qui furent très importants en leur temps : les
auteurs des plus anciens livres de cuisine.

Le premier, on ignore son identité. Il vécut sous le règne
de Charles VI. On suppose qu'il s'agissait d'un personnage
haut placé, possédant une grande aisance. Quand il écrivit
Le Ménagier de Paris, cet homme venait d'épouser une orphe-
line de quinze ans.

Le Ménagier est un livre passionnant, car il ne renferme
pas seulement des recettes de cuisine mais il nous apprend
tout de la vie domestique d'un bourgeois parisien à la fin du
XIVe siècle et de son idéal de vie... sorte de guide moral et
pratique.

Quand vient l'automne et que les pommes Reine de Reinette sont sur les marchés, pour un petit grignotage gourmand, je me prépare un rique-manger qui vient tout droit du *Ménagier* :

---

le Rique-manger

Pour 2 personnes :

> *Prendre 2 belles et grosses pommes.*
> *Les éplucher et ôter les pépins bien soigneusement.*
> *Les couper en petits dés et les mettre à chauffer dans une poêle, afin que l'eau s'évapore.*
> *Ajouter un gros morceau de beurre.*
> *Saupoudrer d'une pincée de safran, pas seulement pour la couleur, et déguster avec des tranches de bon pain frais.*

Le deuxième grand homme est Guillaume Tirel dit Taillevent qui fut « queu viandier du roi Philippe de Valois, premier queu de Charles V et maître de garnison de cuisine de Charles VI ».

Avec lui, et pour la première fois, la cuisine va chercher à devenir une science, à établir ses lois, mais la précision manquait encore : pas de mesures, pas de temps de cuisson et certaines recettes bien difficiles à reproduire.

Toutefois, j'ai réussi à reconstituer sa tarte aux pommes, originale et goûteuse où il est question, encore, d'épices.

Le sucre étant alors une denrée rare, elle sera réalisée avec du vin doux, des figues, des raisins secs et de l'oignon.

Il faut pour cela préparer à l'avance une abaisse en pâte sucrée de la façon suivante :

la Pâte sucrée

Pour 10 personnes :

Faire un puits avec 125 grammes de farine.

Placer sur les bords intérieurs de ce puits 30 grammes de sucre en poudre, 30 grammes de poudre d'amande et 1 pincée de sel, puis au centre 90 grammes de beurre bien froid, 1 œuf et 1 demi-gousse de vanille grattée.

Travailler la pâte le moins longtemps possible, en la poussant avec la paume de la main et la rassembler en boule ; il est important de ne pas donner de corps à la pâte.

Laisser reposer au moins une nuit au froid, si possible 24 heures.

Si l'on doit faire une abaisse de pâte sucrée séparément du reste, il faut un four moyen pour une cuisson lente afin de développer les arômes du beurre et de la poudre d'amande.

la Tarte Taillevent

Découper 100 grammes de figues sèches
en petits morceaux. Éplucher et tailler en petits dés
(ou petits bâtonnets) 5 belles pommes. Mélanger
les figues, les dés de pommes avec 100 grammes
de raisins de Corinthe.

Ajouter 2 cuillerées à soupe de compote de
pommes et un verre de vin rouge doux et fruité
(ou sec si l'on a peur que ce soit trop sucré), 2 pistils
de safran et 1 pincée de safran en poudre, un peu
de cannelle en poudre et du gingembre frais râpé,
1 pincée de poivre, 1 pincée de noix de muscade et
1 clou de girofle broyé.

Pendant que tous les ingrédients macèrent
ensemble, éplucher, émincer et faire blondir dans
du beurre, à la poêle, 2 oignons et bien les égoutter.

Ajouter les oignons à la préparation.

Étaler et foncer un moule à tarte avec
200 grammes de pâte sucrée. Y déposer le mélange
pommes, figues, raisins, oignons et épices.
Étaler la pâte restante et recouvrir la tarte, ce qui
en fera en fait une tourte.

Dorer avec 1 œuf et 1 petite pointe de couteau de
safran en poudre, à l'aide d'un pinceau à la jointure
et sur le chapeau de la tourte.

Cuire la tarte 35 minutes dans un four chaud.

À l'automne, cette tarte se prépare avec des figues fraîches et s'accompagne d'un hypocras, autre invention de Taillevent. La légende dit qu'il donna le nom d'« hypocras » à ce vin aromatisé en souvenir d'une des recettes d'Hippocrate, célèbre médecin grec.

L'hypocras était très prisé au Moyen Âge ; il se buvait généralement au début du repas avec des pâtisseries sèches ou parfois à la fin avec les épices et du pain spécial. Sous le règne de Louis XIV, on en buvait encore fréquemment. Il n'est plus en faveur aujourd'hui, je me demande bien pourquoi.

La recette d'hypocras blanc que je reproduis ci-après n'est pas de mon invention, mais j'ai supprimé le grain d'ambre ou de musc pilé qui, outre qu'il n'apporte rien de mieux, est fort onéreux.

l'Hypocras blanc

Pour 2 litres :

Mettre dans un bocal qui ferme hermétiquement 500 grammes de sucre en poudre, 30 grammes de cannelle grossièrement concassée, 2 pincées de noix de muscade râpée, 4 clous de girofle, 6 grains de poivre blanc, 10 grammes de gingembre râpé et 1 citron coupé en quartiers.

Mouiller avec 2 litres de bon vin blanc sec et fruité.

Laisser macérer 48 heures.

Puis, tamiser doucement en faisant passer 3 à 4 fois le liquide sur les ingrédients restés dans le filtre.

Transvaser dans des carafes et servir très frais.

Mon cher Florimond, je te lègue par testament toute ma petite bibliothèque ; mais je te recommande particulièrement *Le Ménagier de Paris* et le Taillevent, tu y trouveras des trésors.

Nous avons vu hier que pour réaliser un blanc-manger il faut le mettre au frais ou mieux encore au froid. Mais diable ! comment faire ?

Tout d'abord, l'usage de la glace comme moyen de rafraîchir une boisson est très ancien.

Hippocrate en parle dans l'un de ses nombreux aphorismes et les Romains étaient également très friands de boissons rafraîchies. Mais Grecs et Romains ne connaissaient pas autre chose que la neige pour glacer leurs boissons. C'était un luxe car la difficulté résidait dans la conservation de cette glace.

Héliogabale, empereur romain célèbre pour ses folies, ses cruautés et ses débauches, transformait ses vergers en véritables montagnes neigeuses qui résistaient au soleil. À l'inverse, Alexandre le Grand, roi de Macédoine, faisait creuser la terre en fosses profondes, exposées au Nord, pour enfouir la glace.

Bien plus près de nous, en Alsace, en hiver, les brasseurs prélevaient de grandes quantités de glace sur le Rhin

gelé et les entreposaient dans leurs gigantesques caves voû-
tées afin de maintenir les fûts toujours frais.

À Versailles, le Bassin des Suisses fut également mis à
contribution et la glace recueillie, entourée de paille, était
enterrée.

Dans le village de Gentilly, un des plus séduisants des
environs de Paris, coule la Bièvre, une charmante rivière
qui vient se jeter dans la Seine à la hauteur des marais. Par
endroits, la Bièvre laisse des mares et des étangs où les
troupeaux s'abreuvent l'été et qui, l'hiver, gèlent et se trans-
forment en patinoires. Et s'il existe dans les faubourgs de
Paris, un quartier appelé la Glacière, c'est qu'on y conserve
pour l'été, dans de grands puits de maçonnerie coiffés de
terre, la glace fournie par la Bièvre.

Quant à moi, j'ai eu la chance d'acquérir une boutique
qui abritait une source avec son puits dans la cour. Je fis en
sorte que cette source laissât couler un filet d'eau, en permanence, le long du marbre de notre table de travail, ainsi
toutes les préparations se faisaient, et se font encore, à la
température adéquate.

Mais l'idée de refroidir l'eau sans glace ni neige est en
réalité fort ancienne.

Les Anciens avaient remarqué que l'eau refroidissait plus
vite quand elle avait bouilli. Ce procédé fut utilisé en Égypte
où l'on plaçait les vases en terre cuite renfermant l'eau bouillie
sur les terrasses, exposés aux courants d'air durant la nuit.
D'autres mettaient de l'eau à réchauffer au soleil pendant le
jour et descendaient les vases dans des caves fraîches pendant la nuit.

Contrairement à ce que croyaient les Anciens, ce phénomène n'a rien de magique. Il est dû tout simplement à ce que l'eau, en bouillant, a éliminé toutes les bulles d'air qu'elle contenait et qui contrarient son refroidissement.

Les habitants de l'Hindoustan connaissaient la propriété réfrigérante du salpêtre ou plus scientifiquement parlant du nitre. Et ce n'est que bien plus tard que les Portugais s'emparèrent de cette découverte, au XVIᵉ siècle pour être exact.

On sait maintenant que le pouvoir réfrigérant du nitre tient à sa volatilité : c'est l'évaporation qui, en absorbant de la chaleur, exerce une action réfrigérante.

Dans les pays très chauds, on refroidit l'eau en l'exposant en plein soleil ! À condition toutefois de l'enfermer dans un vase poreux ou enveloppé d'un linge humide : l'eau extérieure s'évapore et, quand le linge est sec, l'eau du vase est froide.

Si au lieu d'eau, on fait évaporer des liquides très volatils comme le nitre, mais aussi l'éther ou le camphre, on peut même fabriquer de la glace en plein été.

Le naturaliste Pierre Belon, dans son ouvrage intitulé *Observations de plusieurs singularités et choses mémorables trouvées en Grèce, Asie, Judée, Égypte, Arabie et autres pays étrangers*, daté de 1553, nous apprend que déjà les « Turcs possédaient des glacières et que cette innovation venait se substituer à la neige ou à la glace recueillie des montagnes. »

Et qui sait si dans un avenir proche, un de nos savants, un Pascal, un Lavoisier, n'inventera pas une machine à fabriquer de la glace directement avec de l'eau aussi facilement qu'on fait du beurre en barattant du lait.

C'est donc à l'époque de la Renaissance et des grands voyageurs que la glace fit son apparition en Europe. Le médecin de François Ier, en mission diplomatique auprès de Charles Quint et du pape Paul III, en fut le premier surpris. C'est l'époque aussi où l'on voit apparaître des rafraîchissoirs, cuvettes en bois ou en cuivre ou, plus luxueux, en argent ou en or, voire en vermeil, où l'on pouvait mettre à rafraîchir pichets, aiguières ou tous autres vases.

Les utilisations de la glace sont innombrables; je couche sur mon papier, pêle-mêle, ce qui me vient à l'esprit car j'ai des difficultés à les placer dans le temps.

Sous Henri III, je crois, la mode était que l'on apportât, au cours du repas, sur des assiettes, tantôt de la glace, tantôt de la neige afin que les convives puissent, selon leur fantaisie, refroidir leur breuvage.

Cette manie ne se répandit vraiment qu'au XVIIe siècle. Boileau, dans son « Repas ridicule » ne cria-t-il pas son indignation devant le manquement de ses hôtes :

> *« Mais qui l'auroit pensé ? Pour comble de disgrâce,*
> *Par le chaud qu'il faisoit, nous n'avions point de glace.*
> *Point de glace, bon Dieu, dans le fort de l'été !*
> *Au mois de juin ! Pour moi, j'étois si transporté*
> *Que, donnant de fureur tout le festin au diable,*
> *Je me suis vu vingt fois prêt à quitter la table. »*

Sous le règne de Louis XV, l'Orangerie des Tuileries était entourée de glacières concédées à un particulier pour une redevance de dix-huit mille livres par an et dont la production était réservée aux fonctionnaires de la cour.

Et puis la glace devint un délice à déguster grâce à Procope, célèbre limonadier. Il arriva à confectionner plus de cents variétés de gourmandises glacées mais ceci est une autre histoire.

8 Octobre 1788

*L*e beau temps semble revenir. Mais l'inquiétude demeure. Les récoltes ont été très touchées par les violents orages de juillet. Tout le monde semble attendre quelque chose mais quoi ? Que peut-il arriver ? Nous avons un bon et juste roi. Il n'abandonnera pas son peuple…

Je refuse de me laisser gagner par la morosité, par le pessimisme. Noircir mes petits feuillets me réconforte, je fais un saut en arrière dans le temps et me détache du futur.

Je continue donc mon petit bonhomme de chemin et me voilà en compagnie de Rabelais.

Quel homme ! Quel gourmand, peut-être même quel glouton, quel goulu, quel goinfre dut-il être pour avoir su dépeindre si bien Gargantua et Pantagruel.

Il faut lire Rabelais, en particulier *Le Quart Livre*. On y trouve une longue nomenclature des mets que préféraient ses contemporains. Dans la description des menus de ses géants, il évoque tous les légumes, poissons, coquillages, viandes, charcuteries et pâtisseries qui avaient les faveurs de l'époque.

On découvre également les gohières, sortes de gâteaux salés qui, au temps de la Ligue, servaient de signe de ralliement aux partisans du duc de Guise, et les darioles.

On continuait à vendre par les rues des oublies.

Les gaufres étaient un plat très populaire et répandu dans toutes les couches de la population. Les paysans les confectionnaient avec de la farine, de l'eau et du sel. Les riches y ajoutaient des jaunes d'œuf, du sucre et du vin aromatisé. François Ier, grand amateur de gaufres, collectionnait les gaufriers en argent.

On raffolait aussi des beignets, cette pâte frite et saupoudrée de sucre, parfois arrosée de jus de citron. Une fois par an, ils étaient colportés dans tout Paris au profit des miséreux de l'Hôtel-Dieu.

Dans sa précieuse liste, Rabelais cite les « gasteaux feuiletez », sûrement l'ancêtre de notre galette des Rois dont je parlerai un autre jour, un autre soir, au moment propice. Il est aussi question des poupelins, des talmouses de Saint-Denis, de neige de cresme qui était en fait nos œufs à la neige... et bien sûr des légendaires fouaces.

Dans Gargantua, on apprend, au chapitre XXV « que c'est viande céleste, manger à déjûner raisins avec foüaces fraîches » et au chapitre XXXII, on apprend à les faire : « foüaces faites à beau beurre, beaux moyeux d'œufs, beau saffran et belles épices ».

La fouace était primitivement cuite dans le foyer et sous la cendre d'où son nom tiré du latin « focus » qui veut dire foyer.

C'est une histoire de fouaces, ou plutôt de désir de fouaces insatisfait qui, d'après Rabelais, déchaîna la guerre Pichrocoline qui mit à feu et à sang la vallée du Négron où s'affrontèrent les valets de Grangousier et ceux de Pichrocole, méchant roi de Lerné et qui se termina par la construction de l'abbaye de Thélème. Petites causes, grand effets.

Comme pour l'art, la nouveauté en cuisine viendra d'Italie.

Le livre de cuisine le plus important sera écrit par un italien : Baptiste Platine, venant de la ville de Crémone. La cuisine italienne nous parviendra à la suite du mariage d'Henri II avec Catherine de Médicis. La reine avait amené avec elle ses cuisiniers, pâtissiers, entremettiers florentins. Ils vont bouleverser notre cuisine française. Les Italiens importèrent en France l'habitude de commencer le repas avec des fruits : pêches, abricots, cerises, framboises et, en particulier, melons. En revanche, ils conservaient les pommes, poires, coings, et les fruits secs pour la fin du repas. Nous les imiterons.

Les pâtissiers de Catherine de Médicis rapportèrent dans leurs malles la recette du macaron. Le premier à en parler, en France, sera Rabelais.

Cet étonnant petit biscuit aux amandes, sec à l'extérieur et moelleux dedans, a pourtant une origine fort ancienne. Son nom dérive, en tous cas, de « macarone », en vénitien d'où vient aussi « macaroni » pour désigner des pâtes.

Ces petits gâteaux délicats furent immédiatement adoptés par de nombreuses villes françaises : Cormery, Nancy, Saint-Émilion, Amiens…

Les macarons de l'abbaye de Cormery, en Touraine, ont toujours eu bonne réputation :

> *« Ses macarons exquis, plus fins que l'ambroisie,*
> *De tous les confiseurs piquaient la jalousie.*
> *Frère Jean, pour suffire aux commandes d'un jour,*
> *Souvent jusqu'à trois fois devait remplir son four. »*

Leur forme assez particulière a une jolie petite histoire :
Pour éviter les contrefaçons, le prieur voulut leur donner
un signe distinctif. Mais lequel ? L'importance de l'affaire
lui paraissant dépasser ses compétences, il décida de s'en
remettre à saint Paul, patron de l'abbaye.

> *« Je veux passer la nuit au pied de son image.*
> *Et c'est à ses genoux que le jour me prendra*
> *Quand la dernière heure nocturne sonnera*
> *Vers l'atelier de Jean j'irai sans défiance,*
> *Dedans, je plongerai mes regards en silence.*
> *Le premier objet vu, je le promets à Dieu,*
> *De tous les macarons ornera le milieu. »*

Le brave prieur fit scrupuleusement comme il avait dit.
Dès potron minet, il approcha son œil du trou de la serrure
de la cuisine et découvrit… le nombril du frère pâtissier qui
venait de baisser son froc, brûlé par une braise échappée
du four.
Le prieur se plia à l'expression des volontés de saint Paul :

> *« Des volontés d'En Haut exécuteur fidèle,*
> *Prit avec un grand soin l'empreinte du modèle. »*

Et c'est ce qui explique la curieuse forme des macarons
de Cormery. L'histoire est fort plaisante, n'est-ce pas ?

Quant au macaron que je présente à la clientèle, est-il d'ici ou d'ailleurs ? Peu me chaut. C'est un macaron et il est bien bon puisqu'on me le réclame, quand, par malheur, il n'y a pas eu de fournée.

les Macarons

Pour 6 à 8 gros ou 24 petits macarons :

Mélanger 150 grammes de sucre glace, 150 grammes de poudre d'amande et 2 blancs d'œuf cru ; la pâte doit être très compacte.

Cuire au petit boulet 130 grammes de sucre en poudre.

Puis monter en neige 2 autres blancs d'œuf et verser le sucre cuit sur les blancs ce qui donnera une meringue italienne. Ajouter les blancs montés en neige à la pâte.

Sur une plaque recouverte d'une feuille de papier beurré, former les macarons avec une cuiller.

On peut aromatiser les macarons avec du chocolat. Dans ce cas, au tant pour tant initial, on ajoute 12 à 15 grammes de poudre de cacao.

Si l'on désire les parfumer au café, ce sera 10 grammes d'arôme de café liquide au tant pour tant et, à la vanille, ce sera une demi-gousse grattée.

On doit également aux pâtissiers de Catherine de Médicis l'introduction du biscuit à la cuiller, ainsi nommé parce qu'à l'origine une cuiller servait à les mouler. Le biscuit à la cuiller s'utilise comme une abaisse – nous l'avons vu avec le blanc-manger – ou en petit gâteau individuel pour accompagner les crèmes et les coulis de fruits.

On a dit aussi que la pâte à choux avait été introduite en France par un entremettier de la suite de Catherine de Médicis, nommé Pantarelli, dit Popelini, d'où serait venu le nom de « popelin » ou « poupelin ». Mais nous savons déjà que « popelin » est synonyme de « tétin » et que ces gâteaux existaient dès le Moyen Âge. Alors ne serait-ce pas plutôt l'inverse ? On aurait donné à Pantarelli le surnom de Popelini parce qu'il réussissait divinement bien les popelins ?

Que de choses restent obscures et ce qu'on lit parfois dans les livres n'est pas toujours la vérité. Ceci me trouble et il serait souhaitable que ceux qui font métier d'écrire fussent plus scrupuleux.

10 Octobre 1788

Cette fois, ce n'est ni la paresse ni la maladie qui m'ont fait abandonner ces feuillets, mais l'étourderie.

Je me suis retiré à la campagne, en Normandie, une dizaine de jours, en convalescence, paraît-il. Ma femme, mes enfants ont tellement insisté… Je suis parti en ronchonnant qu'on me prenne pour un vieillard cacochyme et j'en ai oublié ce journal. Mais, je vais être honnête, nous avons reçu presque tous les soirs. Entre les dîners, les conversations à bâtons rompus devant un feu où il était question de refaire le monde et les parties de piquet, je n'aurais guère eu le temps d'écrire.

Il n'est pas possible de quitter la Renaissance sans dire qu'une nouvelle épice commence à se répandre ; c'est le sucre et il va peu à peu remplacer le miel.

Bien sûr les croisés avaient rapporté la canne à sucre qui avait déjà pas mal roulé sa bosse, du Bengale à la Chine, de la Chine à la Perse et jusqu'aux confins du Sahara. Et puis voilà que les va-et-vient, les caravanes, le développement du commerce maritime, comme pour les épices, comme pour la soie, ne cessent de lui ouvrir de nouveaux marchés, depuis l'Extrême-Orient jusqu'à l'Extrême-Occident. Quelle merveilleuse épopée !

Mais au Moyen Âge, le sucre demeurait rare.

C'est au XVIᵉ siècle que l'industrie sucrière va se développer dans la plupart des pays d'Europe. C'est à Venise que le sucre de toutes les cannes d'Orient, Chypre, Malte, Rhodes et Candie est raffiné mais, après la découverte des Amériques, c'est Lisbonne qui sera le premier raffineur avec des cannes venues des Indes occidentales d'où la canne à sucre est originaire.

L'exploitation ne commença vraiment que vers le milieu du XIIIᵉ siècle, en Sicile. Deux frères, les Lévi, cultivèrent la canne à sucre les premiers à Palerme. Le raffinage du sucre devint la grande industrie des villes italiennes et l'art des Lévi se répandit ensuite dans les pays en relation commerciale avec la Sicile : l'île de Madère (d'où la canne à sucre partit pour le Brésil puis pour l'île de Saint-Domingue), les îles Canaries et même l'Espagne (d'où les Arabes la firent connaître).

Venu d'Orient, c'est sous le nom de « sel indien » que le sucre fit son entrée dans nos contrées. Il fit d'abord la fortune des apothicaires. On disait alors de quelqu'un qui aurait manqué de quelque chose d'essentiel : « C'est comme un apothicaire sans sucre ! ».

Même encore de nos jours, on lui attribue des vertus curatives.

À cette époque, le sucre est coûteux ; c'est un médicament ou un produit de luxe. On peut s'en procurer à condition d'y mettre le prix.

MARIE-ANTOINETTE
REYNE DE FRANCE

Biscuits
À La Reyne

Brioche Couque

Lait

Oeufs

farine

pains au Lait.

Raisins secs
de Corinthe pour Cramique

Aussi le miel, peu onéreux et abondant, résiste-t-il encore devant ces « roseaux miellés qu'on appelle sucre ».

En 1555, sera publié un ouvrage rédigé par Michel de Nostredame qui possédait d'autres dons que celui de prophétiser.

Il était médecin et son opuscule présente une quantité de recettes de confitures de fruits, de fruits au sirop, de gelées, etc.

Du médecin Nostredame à l'astrologue Nostradamus, il n'y a qu'un pas. Il publiera même des prophéties qui obtiendront un beau succès. Sa célébrité sera telle que Catherine de Médicis, puis Charles IX, le réclameront à la cour.

J'avoue n'avoir jamais pris très au sérieux ses soi-disant dons divinatoires ; en revanche, ses recettes m'ont beaucoup inspiré. Grâce à elles et peut-être à quelques idées personnelles, je me fis aussi confiseur, dont le rôle consiste à faire et à vendre des confitures sèches qui sont les fruits confits, des confitures liquides, des gelées, des marmelades, des sirops mais aussi des dragées, du chocolat, des marrons glacés, des massepains, des pralines, des pastilles, des meringues, toutes sortes de chatteries en quelque sorte.

On trouve également un recueil court mais précieux de recettes de confiserie dans les « secrets » publiés, à peu près à la même époque, par un Piémontais nommé Alexis. Certaines de ces friandises concernent des mets appréciés depuis longtemps déjà, comme une pâte de coing que l'on nomme cotignac qui figurait aux menus, dès le XVIe siècle, et qui se présente dans des petites boîtes en bois blond.

Monseigneur de Jarente, évêque d'Orléans, fut mandé

dans son diocèse par Louis XV pour en rapporter sa grande spécialité : le fameux cotignac.

Grâce aux bonnes relations que j'avais à la cour, j'obtins facilement de Monseigneur de Jarente cette recette si convoitée.

J'ai toujours eu une affection particulière pour le coing. Ne passe-t-il pas quelquefois pour avoir été la fameuse pomme d'or du Jardin des Hespérides qui donnait l'immortalité et n'assure-t-on pas qu'il « donne bon esprit aux enfants et aux femmes enceintes ».

Je fis donc du cotignac.

Voici la recette telle qu'elle m'a été transmise :

le Cotignac

« Prenez les plus beaux coings et ôtez-en les pépins et la partie fibreuse en y laissant toute la peau des fruits, car c'est dans la peau des coings que se trouve la plus grande partie de leur parfum et de leur saveur particulière ; vous les mettez avec de l'eau dans une bassine, les retournant de temps en temps avec une cuiller, jusqu'à ce qu'ils soient

*bien tendres, alors vous les retirez et les jetez dans
un tamis sur une terrine ; quand ils sont refroidis,
vous les écrasez et les réduisez en pulpe que vous
faites réduire à moitié sur le feu, vous la retirez
et la versez de la bassine dans un vase de terre
vernissée ou dans une terrine, précaution sur
laquelle on ne peut trop insister.*

    *Vous clarifiez même quantité de sucre que de
marmelade, et vous le faites cuire au petit cassé ;
vous y versez la marmelade en remuant bien avec
une cuiller ; quand le mélange est bien fait vous
remettez la bassine sur un petit feu, en remuant
toujours jusqu'à ce que vous découvriez facilement
le fond de la bassine ; alors vous la retirez de dessus
le feu.*

    *Vous posez, sur une plaque de fer-blanc ou sur
des ardoises, des moules de différentes figures, soit
en rond, soit en carré, soit en forme de cœur, vous
les emplissez de votre pâte ou marmelade ayant soin
d'en bien unir la surface avec un couteau ; lorsque
tous les moules sont remplis, vous saupoudrez avec
du sucre et les mettez à l'étuve avec un bon feu.
Le surlendemain vous les retirez des moules,
vous les posez sur des tamis en les retournant et
les saupoudrez aussi de sucre de ce côté ; vous les
laissez en cet état un jour à l'étuve et les conservez
dans les boîtes bien bouchées, en les disposant
par lits et mettant entre chacun une feuille
de papier blanc. »*

20 Octobre 1788

J'en ris encore. Mon cousin, qui est un jeune homme de mon âge, est venu prendre une collation avec moi et il m'a raconté une histoire irrésistible.

Il se promenait du côté des jardins des Tuileries, une femme passe et crache sur l'effigie du ministre Necker. La maréchaussée patrouillant par là empoigne aussitôt la dame, de condition paraît-il, lui soulève sa robe et… la fesse, là, en public, devant les badauds ébahis et s'esclaffant.

Cette nouvelle méthode de réprimande est certes fort amusante mais ce qui est inénarrable c'est que cette personne ne portait rien sous ses jupons ! Rien ! Elle était cul nu !

Mon cousin n'a pas su si la rougeur qui lui était venue au front était due à la vexation de la punition publique ou à l'aveu de sa légèreté vestimentaire. Mon cousin qui est encore très au fait de ces choses-là m'affirme que la grande mode est de ne rien porter sous ses jupes.

Dans quel monde vivons-nous !

Ah ! L'histoire m'a fort diverti ! C'est pourquoi je n'ai pas attendu ce soir pour la raconter. Je m'en vais en profiter pour un peu continuer…

Nous voici donc au siècle dernier, le XVIIᵉ siècle, le Grand Siècle.

Le dessert commençait à exister ; il se composait de fruits crus présentés en pyramides, de confitures sèches et liquides et « autres galanteries de cette nature », les entremets faisant toujours leurs offices.

Pour le dessert, on changeait de serviettes et de nappe, de là son nom : ce qu'on mange quand on a desservi tout le reste.

Les pâtisseries du Moyen Âge et de la Renaissance continuaient à avoir du succès : les talmouses, les échaudés, les massepains, les oublies, les darioles…

Si l'on en croit la légende la plus répandue, les croissants firent leur apparition à ce moment-là. 1683 à Vienne ou 1686 à Budapest ? Je ne saurais dire. Dans chacun de ces deux cas, ce serait à l'occasion du siège des Turcs.

Pour parvenir au cœur de la cité, ils avaient creusé des galeries souterraines. Pendant son travail nocturne, un boulanger entendit le bruit que faisaient les ennemis. Grâce à l'alarme qu'il donna, les Turcs furent surpris et mis en déroute.

En récompense, les boulangers, viennois ou hongrois, furent autorisés à fabriquer des petits pains en pâte feuilletée (jusqu'alors privilège exclusif des pâtissiers) qui, en souvenir de l'emblème qui décore le drapeau ottoman, devaient avoir la forme d'un croissant.

En revanche, si j'en crois mon grand ami Jean-Baptiste Jeulin, lui aussi pâtissier de son état, fervent admirateur de Marie-Antoinette, les croissants auraient suivi la reine lors de son couronnement. Il est vrai que, depuis peu, on les fabrique en grande quantité rue Dauphine. Mais est-ce que cela prouve quelque chose ? Moi, j'aime bien la version turque.

Voici ma recette du croissant :

les Croissants

Pour 10 à 12 croissants :

Préparer un levain avec 22 grammes de beurre fondu, 40 grammes d'eau tiède, 8 grammes de levure de boulanger et 30 grammes de farine.

Mélanger bien le tout du bout des doigts et laisser lever une demi-heure.

Ajouter 70 grammes de lait, 5 grammes de sel et 16 grammes de sucre en poudre puis 150 grammes de farine de gruau et 40 grammes de farine ordinaire.

Pétrir 5 minutes lentement et 7 minutes un peu plus rapidement.

Mettre la pâte, recouverte d'un linge, sur une table de travail et laisser lever une vingtaine de minutes.

Peser la pâte et prendre la moitié du poids de la pâte en beurre.

*Avec le rouleau, donner une forme carrée
à la pâte et disposer au centre le beurre aplati
et de même consistance que la pâte.*

*Replier les quatre coins du carré sur eux-mêmes
pour enfermer entièrement le beurre.*

*Plier la pâte en portefeuille, faire faire un quart
de tour à la pâte et recommencer l'opération.*

*Mettre la pâte, farinée dessus et dessous, au
froid, bien enveloppée dans un torchon.*

Laisser reposer 1 heure.

Puis donner un troisième tour.

*Allonger la pâte en rectangle de 20 centimètres
de large sur 3 à 4 millimètres d'épaisseur. Couper
les bords afin que le rectangle soit bien net.*

*Dans ce rectangle, découper des triangles en
dents de scie ; il faut 50 à 60 grammes de pâte pour
un croissant. Puis rouler ces triangles pour former
les croissants.*

*Dorer à l'œuf une première fois, laisser lever au
four préalablement chauffé à basse température puis
éteint jusqu'à ce que le croissant double de volume.*

*Dorer une deuxième fois puis enfourner au four
chaud jusqu'à coloration, environ 12 à 15 minutes.*

Voici maintenant une recette pour utiliser les croissants
rassis, les croissants aux amandes.

les Croissants aux amandes

*Ouvrir en deux les croissants, les tremper
dans un sirop légèrement parfumé au rhum
(100 grammes de rhum pour 400 grammes d'eau
et 250 grammes de sucre).
Les laisser s'imbiber.
Égoutter les croissants sur une grille.
Garnir chaque croissant de frangipane
(je donne juste après la recette) dedans puis dessus.
Parsemer d'amandes effilées.
Passer au four chaud jusqu'à coloration de
la frangipane.
À la sortie du four, saupoudrer de sucre glace.*

La crème frangipane emprunte son nom au marquis romain Don Cesare Frangipani, épicurien célèbre et inventeur du parfum, à base d'amande amère, dont on imprégnait les peaux et les gants sous Louis XIII. On emploie la frangipane pour garnir des fonds de tarte ou pour fourrer des gâteaux feuilletés ou des crêpes.

C'est un mélange de crème d'amande et de crème pâtissière.

Voyons d'abord cette crème pâtissière :

la Crème pâtissière

Mettre à bouillir un demi-litre de lait.

Pendant ce temps, battre 6 jaunes d'œuf avec 120 grammes de sucre pour les faire blanchir.

Ajouter 30 grammes de farine dans les jaunes puis 40 grammes de poudre à flan ou d'amidon de maïs et une demi-gousse de vanille grattée.

Verser une partie du lait bouillant sur cette pâte.

Bien mélanger au fouet puis reverser le tout sur le lait restant et cuire jusqu'à ébullition.

Laisser refroidir.

Et voici enfin la recette de la frangipane :

la Frangipane

Bien mélanger 100 grammes de beurre, 100 grammes de sucre, 100 grammes de poudre d'amande et 2 œufs entiers.

Ajouter 5 grammes de farine, 30 grammes de crème pâtissière et un peu de rhum.

Deux hommes vont marquer leur époque. L'un est François-Pierre de La Varenne et l'autre Nicolas de Bonnefons. Tous deux écrivirent les premiers classiques de la cuisine.

François-Pierre de La Varenne était écuyer de cuisine chez le marquis d'Uxelles, gouverneur de Chalon-sur-Saône et maréchal de France.

Nicolas de Bonnefons, je l'ai déjà dit, était valet de chambre de Louis XIV.

Voilà une éternité qu'aucun traité de cuisine n'avait été écrit en France depuis *Le Viandier* et *Le Ménagier* qui continuaient de colporter l'abus des épices et le goût italien.

La Varenne va sortir radicalement de ces ornières héritées du Moyen Âge et de la Renaissance en modernisant les anciennes recettes. Ses deux ouvrages, *Le Cuisinier françois* et *Le Pâtissier françois*, rencontrèrent un énorme succès.

Nicolas de Bonnefons passait trois mois de l'année à la cour et vivait le reste du temps sur ses terres, à la campagne. Cela explique le titre de son ouvrage le plus connu : *Les Délices de la campagne*.

Ce livre, comme ceux de La Varenne, va codifier la cuisine du siècle dernier.

Je jette pêle-mêle quelques noms de pâtisseries sans grand intérêt à mon goût mais fort prisées par nos grands-parents : le biscuit de cannelle, le biscuit du Roy, la nulle qui est une crème soufflée très sucrée, la tourte de pistache assez bourrative, le gâteau de Milan, l'arbolade qui est une omelette au jus de poire, le pain de citron, les nieules, pâtisseries fort répandues. Leur pâte était blanchie à l'eau bouillante dans laquelle on jetait des cendres de sarments de vigne avant d'être mise au four. Elles étaient parfumées à l'anis.

On dit qu'en vieux français, « nieule », « niule » signifiait nuage, brouillard, bruine.

Les nieuleurs étant pour la plupart huguenots émigrèrent en masse vers l'Allemagne à la révocation de l'Édit de Nantes. C'est de là que les nieules revinrent dans leur pays d'origine sous forme de bretzels, pâtisserie salée très prisée dans l'est de la France.

Les tourtes devaient être très appréciées à l'époque car les ouvrages du temps nous en livrent d'innombrables recettes, toutes plus compliquées les une que les autres. On dressait au centre un monticule fait de différentes confitures et on piquait dans la pâte des pistaches, des dragées, des écorces confites. Pour honorer les hôtes de marque, on décorait les tourtes de leurs armoiries selon la technique de l'émail cloisonné : les cloisons étaient de massepain filé et les émaux de confitures choisies pour leur couleur plus que pour leur goût.

25 Octobre 1788

On m'a dit, ce matin, alors que je faisais ma promenade de santé dans le quartier, que les parlements de province font leur rentrée triomphale au son des cloches et des canons, sous une pluie de fleurs. Mon vieil ami le ferronnier est un peu poète à ses heures et parle toujours de manière imagée. Une pluie de fleurs, c'est joliment tourné.

Où en étais-je ? Ah ! oui, je venais juste de parler des tourtes. Tous les fruits se mettaient en tourte. Je les ai toutes faites. Certaines étaient fort réussies, à l'abricot, à la pomme, à la poire, à la cerise ; d'autres ratées, les fruits ne convenant pas, comme par exemple la fraise. Et je garde un souvenir épouvanté de la tourte au melon. À peine la première bouchée avalée, je me suis empressé de jeter cette horreur dans les ordures ; je n'ai même pas osé la donner au chien de peur qu'il ne m'en tienne rigueur jusqu'à la fin de sa vie.

Je ne note aucune recette particulière. L'intérêt est d'innover, quel fruit avec quelle épice ? avec quelle confiture ? avec quel fruit confit ? C'est ça qui est plaisant.

Nous avons vu que grâce aux croisades, les beignets nous sont connus.

Ce que je n'ai pas dit, c'est que le mot beignet vient du celte et signifie « enflure » ou « tumeur ». Ce qui en souligne l'aspect gonflé.

On peut utiliser une pâte à frire ou une pâte à choux.

Avec la pâte à frire, on réalise toutes sortes de beignets aux fruits, pêches, bananes, abricots, pommes, oranges… ou encore au fromage. Ou bien au naturel, juste saupoudrés de sucre. Et pourquoi pas fourrés de confitures ou de compotes.

les Beignets

Pour 500 grammes de pâte à beignets :

Dans une terrine, mettre 250 grammes de farine tamisée qu'il faut délayer dans un peu d'eau tiède où l'on aura fait fondre 40 grammes de beurre fin.

Ajouter 1 pincée de sel, 10 grammes de sucre en poudre, 1 œuf, 10 à 15 grammes de levure de boulanger, quelques gouttes d'alcool, du rhum par exemple.

Si la pâte est trop molle, il suffit d'ajouter 2 blancs d'œuf montés en neige.

Cette pâte se fait 2 ou 3 heures à l'avance.

> *Si ce sont des beignets de fruits, je conseille de faire macérer les fruits dans un peu d'alcool puis de les saupoudrer de sucre glace avant des les utiliser.*
> *J'ajoute un point essentiel : la friture doit être bien chaude.*

Avec la pâte à choux, on fait des bénoiles qui sont des beignets soufflés. Suivant le livre de cuisine consulté, on trouve aussi la dénomination de pets-de-putain (parfois de putin), mais pas toujours. Alors, est-ce le même beignet ? Ce qui est certain, c'est que l'on appelle de nos jours les bénoiles des pets-de-nonne.

Quand j'en serai à décrire mon époque, je donnerai une recette un peu particulière du pet-de-nonne. Pour l'heure, je note ici la recette des bénoiles, recette d'un certain François Massialot, auteur du *Cuisinier royal et bourgeois*.

les Bénoiles

Pour 6 personnes environ :

Faire chauffer, dans une casserole, 200 grammes d'eau. Jeter dans cette eau 50 grammes de beurre divisé en petits morceaux ; c'est important car le beurre doit être fondu avant que l'eau ne bouille.

Ajouter 1 pincée de sel, 25 grammes d'écorce
de citron vert confit coupée en fines lamelles.

Faire bouillir le tout.

Dès les premiers frémissements, retirer
la casserole du feu et verser en une seule fois
125 grammes de farine tamisée.

Remuer vigoureusement avec une cuiller en bois
jusqu'à obtention d'une pâte bien lisse.

Remettre sur feu doux, sans cesser de remuer
afin de faire évaporer l'excès d'eau puis retirer
à nouveau du feu.

Casser 1 œuf entier dans la pâte sans cesser
de remuer. Quand l'œuf est totalement incorporé,
renouveler l'opération jusqu'à 4 œufs.

Si la pâte a bien été desséchée, elle doit pouvoir
les absorber.

Pendant ce temps, faire chauffer à feu vif la
bassine à friture ; il faut veiller à ce que l'huile soit
chaude mais non brûlante sinon les bénoiles ne
gonflent pas.

Avec une cuiller prendre un peu de pâte et laisser
tomber celle-ci dans la friture ; si celle-ci est à point,
les bénoiles tombent au fond mais remontent aussitôt
à la surface. Surveiller leur coloration et les
retourner de temps en temps.

Quand ils sont bien dorés, les retirer de la friture
avec une écumoire et bien les égoutter.

Servir très chaud, saupoudrés de sucre et arrosés
avec de l'eau de fleur d'oranger ou de l'eau de rose.

Dans la famille des beignets, on trouvait également une pâte frite, superlativement baptisée du nom de « merveilles ». La toute première recette de cette gâterie est mentionnée dans un livre intitulé *Thrésor de santé* paru au tout début du XVIIe siècle.

les Merveilles

Pour 40 pièces environ :

Faire un puits avec 250 grammes de farine tamisée sur une table de travail.

Ajouter 7 jaunes d'œuf, 125 grammes de sucre en poudre et quelques gouttes d'eau de rose.

Travailler l'ensemble délicatement du bout des doigts en incorporant petit à petit la farine en partant de l'intérieur du puits ; puis travailler à pleines mains jusqu'à ce que la pâte n'adhère plus à la table. Former une boule et laisser reposer la pâte dans un récipient recouvert d'un linge, au froid pendant 1 heure.

Puis, étaler la pâte et découper des petites bandes d'une dizaine de centimètres sur 3 centimètres.

Chaque bande doit être découpée à son tour en 3 lanières dans le sens de la longueur, mais pas jusqu'au bout.

Tresser ces lanières.

Dans une poêle, faire frémir de l'huile d'arachide ; l'huile doit être chaude mais pas fumante. Quand l'huile est à point, y plonger les merveilles pendant quelques minutes.

À l'aide d'une écumoire, les retirer dès qu'elles ont atteint une belle coloration.

Laisser refroidir puis saupoudrer de sucre glace sur les deux faces avant de dresser les merveilles en buisson.

Les merveilles sont des beignets de carnaval que l'on appelle aussi frivoles, bugnes, fantaisies selon les régions.

Cervantès ne devait pas détester les beignets pour laisser Sancho Pança s'attendrir devant eux :

> *« Sancho compta plus de soixante grands flacons de vin, qui tenaient chacun pour le moins vingt pintes. Il y avait aussi de grands morceaux de pain blanc entassés les uns sur les autres, de la même façon qu'on voit des tas de moellons autour des carrières : d'un autre côté les fromages en pile formaient une espèce de fortification ; ce qui fit dire à Sancho qu'il n'avait jamais vu de place ni mieux munie ni plus digne d'être attaquée. Tout auprès, deux chaudières pleines d'huile et de graisse servaient à faire des beignets, et autres choses semblables, pendant qu'on prenait le sucre à pleins poêlons dans une caisse qui en était toute pleine.*

(…)

Sancho regardait tout cela avec admiration, il prenait tout en amitié ; et presque enchanté de la nouveauté de ce spectacle, il souriait de temps en temps, et se passait à tout moment la langue sur les lèvres. Les marmites le tentèrent les premières ; et il eut de bon cœur pris le soin de les écumer. Ensuite, il se trouvait attendri par les boucs de vin ; et les gâteaux et l'odeur des beignets le captivèrent tout à fait. »

C'est insensé. Le fait d'évoquer Sancho devant un plat rempli de beignets odorants et fumants me fait venir la larme à l'œil. J'ai une folle envie de beignets. Est-ce la gourmandise ou est-ce l'évocation des périodes de carnaval, d'insouciance, bien à l'abri derrière son masque ? Les déguisements m'ont toujours passionné. Jouer à être quelqu'un d'autre. Un jour Arlequin, un autre jour Pantalone, aujourd'hui le bon, demain le méchant. Sincère ou menteur ?

La célébration de Nouvel An est une tradition qui date de temps immémoriaux. Les Égyptiens, déjà, fêtaient Isis en espérant qu'accueillir joyeusement la nouvelle année la rendrait plus favorable. Les Gaulois coupaient le gui, c'était la fête d'Aguilaneuf et les Hébreux avaient la fête des Sorts.

Les Grecs et les Romains se déguisaient, défilaient, dansaient, à l'occasion des bacchanales et des saturnales. Aux calendes de janvier, ils avaient coutume de s'offrir des étrennes. Comme bien d'autres, ces coutumes ont été assimilées par le christianisme qui les fit siennes en s'efforçant de les sanctifier. C'est ainsi que les saturnales ont cédé la place à un carnaval maintenant profondément enraciné dans la tradition chrétienne.

Le mot carnaval vient du latin *carne levare* qui signifie « supprimer la viande » ; c'est que le carnaval précède immédiatement le Carême, période de jeûne et d'abstinence.

Mais cette fête, à laquelle tous participent, a des significations profondément païennes : ces mannequins de paille que l'on brûle, c'est le froid que l'on conjure, l'hiver qu'on répudie et la belle saison qu'on appelle de ses vœux avec ses promesses de lumière, de fécondité et d'abondantes récoltes.

L'opulence pour tous, grands et petits, toutes classes sociales abolies par l'anonymat du masque.

C'est l'occasion également de maintenir une tradition gourmande avec ses réjouissances culinaires : gaufres, beignets, crêpes sont toujours de la fête.

Mais bientôt, après le Mardi gras, la liesse prendra fin avec le mercredi des Cendres et laissera place au Carême : quarante jours maigres où même les desserts seront bannis, jusqu'au dimanche de Pâques.

Alors, il faut offrir des gaufres, des beignets et des crêpes à Carnaval et Mardi gras.

Nous avons déjà vu les gaufres et les beignets, restent les crêpes.

Il est d'usage de considérer les crêpes comme « portebonheur ». Chaque région de France a sa propre croyance. Et je serais bien en peine de les citer. Je ne connais que le louis d'or dans une main et de l'autre la poêle ; d'un geste vif et précis, on fait sauter la crêpe si l'on veut s'assurer chance et richesse toute l'année.

Voilà que je doute, est-ce à la Chandeleur ou à Mardi gras ?

> « *Mardi Gras ne t'en va pas*
> *J'frons des crêpes, j'frons des crêpes*
> *Mardi Gras ne t'en va pas*
> *J'frons des crêpes et t'en mang'ras* »
> « *Carnaval ne t'en va pas demain*
> *C'est aujourd'hui la Saint Crépin.* »
> « *Jeudi Gras ne t'en va pas*
> *Nous f'rons des crêpes et t'en mang'ras*
> *Si ton saoul que t'en crèveras.* »

Alors faisons des crêpes :

---

les Crêpes

Pour une quarantaine de crêpes :

Mettre dans une terrine 500 grammes de farine tamisée, 4 cuillerées à soupe de sucre en poudre et une pincée de sel.

Délayer le tout avec 6 œufs.

Quand le mélange est bien homogène, mouiller peu à peu avec 1 litre de lait parfumé avec une gousse de vanille qui aura macéré.

> *Ajouter 60 grammes de beurre fondu. Bien mélanger. Ajouter deux cuillerées de rhum et un demi-verre de bière chambrée ce qui donnera un mélange très fluide. Laisser reposer quelques heures.*
>
> *Et pour obtenir des crêpes légères, se garder de graisser la poêle avec un morceau de beurre. Il ne faut pas hésiter à prendre un bon morceau de lard ou à défaut un peu d'huile que l'on badigeonne avec une fourchette emmaillotée d'un linge.*

Comme son nom l'indique, la Chandeleur c'est la fête des chandelles, la fête de la lumière, des cierges bénits que l'on porte en procession, en mémoire de la présentation de Jésus au Temple et de la purification de la sainte Vierge, l'antique cérémonie des relevailles.

La Chandeleur se célèbre quarante jours après Noël, le 2 février.

Mais pourquoi fait-on des crêpes à la Chandeleur?

Peut-être à la place des oublies que le pape faisait distribuer aux pèlerins qui se pressaient à Rome à cette époque.

Le mot crêpe tire son origine de l'ancien français et de l'adjectif « cresp », « crespe », ondulé, frisé. Les premières recettes de crêpes remontent au Moyen Âge. On les trouve déjà dans *Le Ménagier de Paris*.

Nous sommes loin de la Chandeleur et tant pis si l'on dit que je ne suis qu'un vieillard capricieux mais, demain, je réclame des crêpes.

2 Novembre 1788

C'est un beau jour car c'est l'anniversaire de la reine. Marie-Antoinette a trente-trois ans. C'est un ange que cette reine-là. Elle est si belle, si gracieuse, on la dit si bonne… je sais, ses sujets la calomnient souvent.

Je surprends parfois des conversations blessantes à son encontre.

Que n'a-t-on pas raconté à propos de cette affaire de collier ? Et au sujet du comte de Fersen ? Et de ses dépenses inconsidérées chez Mme Rose Bertin ? Que sais-je encore…

Je fais fi de toutes ces médisances. J'aime ma reine. Et comme chaque année, mon fils respectera une tradition de la maison Stohrer. Il proposera, comme moi avant lui, le biscuit à la Reyne.

Oh ! je n'en suis pas le créateur. Cette pâtisserie existe depuis le siècle dernier. J'en ai découvert la recette chez La Varenne mais pour quelle reine fut-il créé ? Je ne saurais répondre.

le Biscuit à la Reyne

Pour trois douzaines de biscuits à la Reyne :

Casser 6 œufs dans une terrine et les battre comme pour faire une omelette.

Ajouter 2 bonnes pincées de coriandre concassée et 500 grammes de sucre en poudre.

Délayer le tout ensemble.

Puis ajouter 500 grammes de farine tamisée.

Délayer encore et fouetter jusqu'à ce que la pâte devienne très blanche.

Ce biscuit sera d'autant plus beau et mieux fait que la pâte aura été battue longuement.

Lorsque la pâte est prête, coucher des petites boules sur du papier beurré et fariné, à l'aide d'une petite cuiller.

Poudrer le dessus de sucre en poudre.

Mettre à four chaud.

Quand le biscuit est cuit, il a l'aspect d'un biscuit à la cuiller délicat et parfumé de manière originale.

Pour détacher les biscuits, passer adroitement la lame d'un couteau entre le biscuit et le papier.

6 Novembre 1788

Necker réunit aujourd'hui à Versailles la seconde assemblée des Notables qui doit régler la composition des États Généraux qui se tiendront l'année prochaine.

Je n'aime pas le mois de novembre, les journées sont trop courtes et le ciel pleure son désespoir.

Non, décidément, je n'aime pas le mois de novembre.

Heureusement que les gâteries du rez-de-chaussée sont là pour me consoler.

Les recettes de La Varenne m'ont été très précieuses et j'ai retenu pour mon compte personnel, en plus du Biscuit à la Reyne, trois gâteaux qui ont eu, je dois avouer, beaucoup de succès.

Il s'agit de la Dame Suzanne, du Gâteau Mollet et de la Feuillantine.

Voyons le premier, la Dame Suzanne ; j'en raffole ; c'est un gâteau très simple, moelleux, sans fioritures comme on

6 Décembre 1788

Saint Nicolas

Mannele

Noël

En revenant de la messe
de minuit Le Bierawecka,
le vin chaud à la Cannelle
et les quatre mendiants

EPIPHANIE

La galette est une galette... cette...

une galette... une galette... une galette... cette...

Aussi... la ... une ... une ... aussi ... cette ... une ...

une... une... une... une... une... une... une... Marie... une à... une...

les faisait à cette époque, mais fin ; c'est un régal pour accompagner des fruits frais, des confitures ou des marmelades, pour une petite faim ou juste par gourmandise.

la Dame Suzanne

Pour 8 personnes :

Avant tout, réaliser un levain en déposant 125 grammes de farine tamisée sur une table de travail et creuser un puits.

Délayer 30 grammes de levure de boulanger avec 3 cuillerées de lait juste tiédi.

Malaxer du bout des doigts la levure et la farine en ajoutant petit à petit deux louches de lait (dans la recette de La Varenne, il est dit exactement un « posson », on disait parfois un « poisson» de lait) ou mieux encore de crème de lait pour obtenir une pâte mollette.

Laisser reposer et lever pendant 1 heure dans un endroit tiède jusqu'à ce que le levain se gonfle, crevasse et s'écaille en surface.

Pour la pâte proprement dite, déposer à nouveau sur la table de travail 500 grammes de farine et creuser un puits.

Dans ce puits, placer 8 jaunes d'œuf, 2 blancs et 15 grammes de sel.

Dans une casserole, faire fondre 300 grammes

de beurre coupé en petits morceaux. Incorporer peu
à peu ce beurre fondu à la pâte en la maniant bien.

Quand le levain est prêt, le mêler intimement
à la pâte. Donner à cette nouvelle pâte la forme
d'un gros pain.

Laisser reposer dans un endroit tiède entre
1 à 2 heures ; la pâte doit doubler de volume.

Quand la pâte est prête, dorer le dessus du
gâteau avec de l'œuf battu.

Cuire à four moyen pendant une petite heure.

En ce qui concerne le Gâteau Mollet, je précise l'appellation exacte de La Varenne « la manière de faire un gasteau mollet excellent dans une tourtière » ; je la trouve très lyrique et poétique.

Ce gâteau au fromage s'apparente au Tourteau poitevin qui était servi aux repas de noces.

le Gâteau mollet

Pour 8 personnes :

Choisir des petits fromages de chèvre très frais
et égouttés, à peine salés et pesant en tout
150 grammes.

Écraser ces fromages, dans un bol, avec une
cuiller, puis ajouter 125 grammes de beurre non salé
qu'on aura fait fondre préalablement. Incorporer
ensuite 3 ou 4 œufs entiers, l'un après l'autre, puis
petit à petit 40 grammes de farine tamisée.

Ajouter 60 grammes d'amande en poudre et
2 ou 3 cuillerées à soupe de sucre en poudre.

Il faut goûter cette farce ; elle doit être à peu près
de la consistance de la bouillie qu'on donne aux
enfants ; si elle est trop épaisse, on pourra y mêler une
petite cuillerée de lait pour la rendre plus coulante.

Beurrer un moule à génoise et y verser l'appareil.

Cuire le gâteau à four moyen tout en le
surveillant : s'il renfle beaucoup pendant la cuisson,
baisser la température. Il faut environ trois-quarts
d'heure pour cuire ce gâteau.

Une fois cuit, saupoudrer de sucre glace.

On peut également l'agrémenter de marmelade,
d'oranges par exemple. Pour ce faire, verser dans le
moule la moitié de l'appareil, tartiner d'une couche
de marmelade ou de confiture et verser l'autre moitié.

La Feuillantine est un gâteau simple mais d'un goût raffiné.

la Feuillantine

Pour 6 feuillantines :

Faire macérer 70 grammes de raisins de Corinthe dans 30 grammes de rhum.

Mettre dans une terrine 200 grammes de crème pâtissière, 125 grammes de sucre en poudre, 2 jaunes d'œuf, 25 grammes d'écorce de citron confite coupée bien menue, 50 grammes de poudre d'amande, 40 grammes de pignons hachés grossièrement, une grosse pincée de cannelle et 10 grammes d'eau de rose.

Bien mêler le tout ensemble.

L'appareil étant fait, réaliser deux abaisses rectangulaires de pâte feuilletée de fine épaisseur et de la taille que l'on désire. On peut aussi utiliser un moule.

Poser dans le moule ou sur du papier beurré et fariné une des abaisses sur laquelle on verse et on étale l'appareil. Mouiller très légèrement le bord de l'abaisse puis couvrir de l'autre abaisse ; il faut assembler soigneusement les bords des deux abaisses les uns avec les autres.

Cuire au four moyen pendant une demi-heure environ.

> *Lorsque la feuillantine sera presque cuite, la sortir du four, la poudrer de sucre glace et l'arroser de quelques gouttes d'eau de rose puis la remettre au four quelques minutes pour faire glacer le sucre.*
>
> *Une fois définitivement sortie du four, saupoudrer encore une fois de sucre glace avant de servir.*
>
> *Il est possible de confectionner une grande feuillantine ou plusieurs petites.*

Quelle est l'origine de cette pâtisserie ?

Peut-être son nom vient-il tout bêtement de la pâte feuilletée dont elle est faite.

Mais je préfère y voir une allusion à la couleur blanche de la robe de la congrégation des Feuillantines. On dit que ces religieuses offraient cette spécialité à leurs visiteurs, à l'heure du goûter, au début du siècle dernier.

Pourquoi pas la robe des religieuses, puisqu'il y eut le couvre-chef des jésuites ?

Le Jésuite doit, en effet, son nom à sa forme et à sa couleur qui évoquent la coiffure de l'ordre fondé par Ignace de Loyola.

Le Jésuite est un petit gâteau triangulaire fait de pâte feuilletée, fourré de crème d'amande et enrobé de chocolat noir. Pour qu'il soit parfaitement goûteux, il faut qu'il soit de petite taille et entièrement recouvert de chocolat et, pour qu'il soit plus léger, il est préférable d'utiliser de la frangipane, que nous avons déjà vue.

La réalisation des Jésuites est très simple.

---

le Jésuite

Découper des petits carrés de 10 centimètres par 10 centimètres dans de la pâte feuilletée, un par personne.

Déposer au centre une noisette de frangipane et rabattre la moitié de la pâte de manière à former un triangle.

Faire cuire à four moyen un quart d'heure ; laisser refroidir.

Dans un petit bain-marie, faire fondre du chocolat noir.

À l'aide d'une pique, plonger les petits gâteaux dans le chocolat fondu puis les déposer délicatement sur une feuille de papier.

Quand ils seront refroidis, il suffira de glisser une lame de couteau entre le gâteau et le papier pour libérer les petits Jésuites.

J'entends sonner complies à Saint-Eustache ; j'attends de la visite. Ce sera donc tout pour aujourd'hui.

10 Novembre 1788

Il se trame à Versailles d'étranges manœuvres. Necker n'a pas réussi à faire voter par les représentants la double représentation du Tiers État qui compte pourtant pour quatre-vingt-quinze pour cent de la population : la masse des non privilégiés.

En revanche, ils proposent de donner le droit de vote aux laquais et aux domestiques. Pourquoi ? Pour disposer d'une masse d'électeurs dociles et malléables ?

Les méandres de la politique sont décidément impénétrables.

Mais revenons à des considérations plus futiles, certes, mais, tellement réconfortantes et parlons de la brioche.

On la dit originaire de Normandie, je ne saurais l'affirmer mais, normande ou pas, la brioche était déjà installée à Paris au siècle dernier :

la Brioche

Pour 15 petites brioches ou 2 grosses *dites « parisiennes », c'est-à-dire pour 800 grammes de pâte :*

Sur la table de travail, répandre 300 grammes de farine tamisée et faire un puits.

Incorporer 7,5 grammes de sel, 30 grammes de sucre, 3 œufs entiers.

Dans 30 grammes de lait, délayer 12 grammes de levure de boulanger; verser dans le puits.

Pétrir jusqu'à ce que la pâte soit lisse.

Incorporer 180 grammes de beurre, tendre mais pas mou; quand le beurre est entièrement absorbé, pétrir rapidement.

Laisser gonfler puis rabattre la pâte pour chasser le gaz carbonique produit par la fermentation.

La déposer dans un récipient fariné recouvert d'un linge.

Laisser reposer au froid, 2 ou 3 heures; plus la quantité de pâte est importante plus le temps de repos est nécessaire.

Diviser la pâte en petits tas de 50 à 60 grammes si l'on veut des petites brioches, sinon diviser la pâte en deux. En faire des boules avec un peu de farine.

En faisant rouler la pâte avec le tranchant de la main, marquer, au tiers de la boule, la tête et le corps.

> *La pâte va s'allonger et former une sorte de poire.*
>
> *Dans un moule à brioche, évasé, rond et cannelé, déposer cette poire et avec l'index et le majeur de chaque main, tout en tournant, faire bien adhérer la pâte au moule, au fond et sur les côtés.*
>
> *Dorer à l'œuf une première fois.*
>
> *Laisser la pâte se développer ; il faut qu'elle soit un peu ferme. Si la pâte est trop levée, elle va déborder, si elle est juste ferme, la brioche aura belle allure.*
>
> *Dorer une deuxième fois.*
>
> *Le four doit être chauffé avec une plaque à l'intérieur.*
>
> *Poser les brioches sur la plaque brûlante et enfourner. Laisser cuire à four chaud jusqu'à ce que les brioches soient bien dorées.*

Dans les *Délices de la campagne*, Nicolas de Bonnefons décrit les meilleurs pains de la région parisienne. Entre autres se trouve le « pain à la Montoron » qui se fait avec « boisseau de farine la plus blanche que vous pourrez », « deux fois plein la main de leveure nouvelle », « une poignée de sel fondu » et « trois chopines de laict ».

Pour d'autres, le pain à la Montoron (ou Montauron) appelé aussi « pain à la Maréchale » se fait en y ajoutant du beurre.

En fouinant, comme toujours, j'ai relevé que ce pain devait son nom au fastueux financier à qui Corneille dédia *Cinna*,

M. de Montauron. Le pain à la Montauron fait partie de ce que l'on appelle les pains mollets. Ces pains enrichis de lait ou de beurre, voire des deux, sont toujours très recherchés et certains boulangers en font déjà une spécialité. Moi-même, et je ne suis pas boulanger…

Tout pain qui comporte du lait ou du beurre se classe parmi les pains de luxe et il n'est pas fou de les considérer comme des friandises.

Voici comment je fais mon pain au lait :

les Petits Pains au lait

Pour 12 petits pains au lait de 80/85 grammes :

Déposer sur la table de travail 500 grammes de farine de gruau puis creuser un puits.

Ajouter 12 grammes de sel, 50 grammes de sucre en poudre, 2 œufs entiers, 15 grammes de levure de boulanger et 250 grammes de lait.

Bien mélanger tous ces ingrédients ensemble et pétrir.

Dès que la pâte est lisse et qu'elle forme comme une toile d'araignée quand on l'étire avec les doigts, incorporer 175 grammes de beurre de la même consistance et continuer à pétrir jusqu'à ce que la pâte ait absorbé le beurre.

Déposer cette pâte dans un récipient et la recouvrir d'un linge.

La laisser lever une demi-heure.

Poser la pâte de nouveau sur la table de travail, la rabattre pour chasser le gaz carbonique produit par la fermentation et la redéposer dans le récipient.

Laisser reposer au froid, le matin pour le soir ou le lendemain.

Quand il est temps, peser la pâte, la diviser.

Avec la paume de la main donner à chaque tas de pâte la forme de petits pains allongés.

Les déposer sur une plaque et les oublier pendant une demi-heure.

Dorer à l'œuf et mettre au four chaud un quart d'heure.

Et pour rester dans le domaine des pains qui sont des gourmandises, je vais parler du cramique appelé également couque ou couke ou koek en flamand.

Aujourd'hui, ce pain brioché est garni de raisins de Corinthe.

La recette du cramique m'a été donnée par un de mes jeunes employés, il y a bien longtemps, qui la tenait de son grand-père originaire de Lille.

J'ai totalement oublié le prénom de mon jeune apprenti. Quelle ingratitude !

le Cramique

Pour 2 gâteaux :

Faire gonfler 250 grammes de raisins de Corinthe dans de l'eau bouillante, mais hors du feu, une dizaine de minutes puis les égoutter.

Dans une terrine, délayer 15 grammes de levure de boulanger dans un quart de verre de lait tiède prélevé sur 200 grammes de lait.

Ajouter 500 grammes de farine tamisée.

Pétrir doucement pour donner de la consistance à la pâte. Il faut obtenir une pâte crevassée.

Ajouter 7,5 grammes de sucre, autant de sel, 2 œufs entiers et progressivement le reste du lait.

Pétrir encore pour obtenir une pâte souple et élastique.

Ajouter 125 grammes de beurre fractionné en petits morceaux et les raisins.

Pétrir à nouveau plus rapidement pendant une dizaine de minutes.

Laisser reposer la pâte 1 heure.

Puis rabattre la pâte pour chasser le gaz carbonique produit par la fermentation.

Peser la pâte et la séparer en deux parts égales.

Laisser reposer encore 20 minutes.

Rabattre une nouvelle fois la pâte.

Beurrer deux moules à cramique en terre cuite ou à défaut deux moules rectangulaires à bords

hauts ; déposer la pâte dans chacun des moules.
  Dorer à l'œuf une première fois.
  Laisser lever la pâte 1 heure dans un endroit chaud sinon 2 heures à chaleur ambiante ; la pâte doit doubler de volume.
  Dorer une deuxième fois.
  Cuire à four chaud 30 à 40 minutes.

Ce gâteau est un véritable bonheur en tranches tièdes, légèrement grillées, tartinées de beurre salé ou de miel.

6 Décembre 1788

*D*éjà presque un mois que je n'ai pas écrit. Nous avons quelques nouveaux apprentis. La confection de tous nos gâteaux laisse à Antoine peu de temps à consacrer à cette jeunesse.

Moi, je ne demande pas mieux que de les prendre en main, leur enseigner toutes les ficelles du métier, leur apprendre comment devenir un bon ouvrier précis, soigneux et inventif.

J'ai donc passé mes journées avec ces enfants afin qu'ils deviennent efficaces rapidement. Ils sont fin prêts, mais moi je suis exténué, épuisé. Rester debout, piétiner, aller du marbre au four, du four au tour, du tour au marbre, je n'en puis plus.

Après chaque dîner plus question de veiller ; au lit sans demander son reste pour un repos bien mérité.

Nous sommes le jour de la saint Nicolas. C'est ma fête et avant tout celle du saint patron du nord et de l'est du royaume, le grand évêque de Myre en Lycie.

Ce n'est pas pour me hausser du col mais Nicolas est vraiment un grand saint. C'est le protecteur des commerçants, des matelots et surtout celui des enfants, qui l'attendent avec impatience dès le soir du 5 décembre.

> « *Saint Nicolas, mon patron,*
> *Apporte-moi quelque chose de bon,*
> *Plein mon bas et mes souliers,*
> *Saint Nicolas bien obligé.* »

Les bas et les souliers sont accrochés dans les cheminées. Les enfants prévoyants les ont remplis de foin et d'avoine, pour l'âne de saint Nicolas ; il faut bien que la pauvre bête ait la force de poursuivre son périple dans le froid et dans la neige.

« *Ils étaient trois petits enfants, qui s'en allaient glaner aux champs…* » Et qu'un vilain boucher avait transformés en petit salé. Heureusement que saint Nicolas, passant par là, les a ressuscités.

Il est un peu impressionnant, saint Nicolas, habillé comme un évêque, juché sur son âne, sa hotte sur le dos, armé d'une badine pour corriger les garnements. Les enfants l'attendent avec une impatience mêlée de crainte.

Petit, j'étais terrifié ; pourtant, je n'étais pas bien méchant.

Mais je craignais surtout Hans Trapp, le terrible père Fouettard, barbu, noir des pieds à la tête et son redoutable sac où il enfermait les enfants qui n'avaient pas été sages.

Dans sa hotte, saint Nicolas cachait quelques jouets mais surtout de modestes friandises : des fruits d'automne, symboles d'abondance, et des pains d'épice à son effigie, saint Nicolas monté sur son âne, givré de sucre.

Comme j'aimerais retrouver ce temps-là, comme j'aimerais encore courir derrière saint Nicolas, le cœur battant, entre la crainte du père Fouettard et la joie de recevoir une récompense !

Pour finir, on buvait du chocolat chaud en mangeant des petits bonshommes en pâte briochée : les « mannele ».

Mais au diable la nostalgie !

J'en étais au siècle dernier, au pain au lait, non, au cramique, je crois.

Aujourd'hui ce sera le tour du Gâteau de Savoie ou Biscuit de Savoie.

On raconte que ce gâteau fut inventé par Jean de Balleville, maître queux du comte Amédée VI, souverain de Savoie de 1373 à 1383, qui, toujours habillé de vert, fut surnommé le comte Vert.

Un jour, Amédée reçoit son suzerain Charles IV, empereur d'Allemagne, et lui offre un superbe banquet dans la cour de son château. Au dessert, on voit apparaître un énorme gâteau doré représentant le comté de Savoie avec ses lacs, ses montagnes et son château et surmonté de la couronne impériale. Ce chef d'œuvre était porté par un cavalier masqué et vêtu de vert… qui n'était autre que le comte de Savoie lui-même. Ravi, l'empereur, le combla d'honneurs et de richesses.

Quelques siècles plus tard, Nicolas de Bonnefons, dans *Les Délices de la campagne*, François-Pierre de La Varenne dans *Le Cuisinier françois* et Vincent de La Chapelle dans

Le Cuisinier moderne nous en rapportent la recette. Ce dernier va même jusqu'à nous en proposer trois variantes : la première se fait avec « écorces de citron vert râpé et quelques fleurs d'orange », la seconde contient des pistaches, des amandes et toujours du « citron vert râpé ». La troisième, encore du citron vert avec du citron confit. C'est cette dernière que je préfère :

le Gâteau de Savoie

Pour dix personnes :

Casser 5 œufs et séparer les jaunes des blancs.
Fouetter les jaunes avec 125 grammes de sucre en poudre.
Incorporer 50 grammes d'amande en poudre.
Ajouter quelques gouttes d'eau de fleur d'oranger, le zeste d'un citron vert finement haché, un demi-citron confit également finement haché.
Avec une pincée de sel, monter les blancs en neige très ferme ; la parfaite réussite du gâteau en dépend.
Puis les incorporer aux jaunes.
Mélanger délicatement en versant 100 grammes de farine tamisée.
Verser l'appareil dans un moule beurré et fariné.
Cuire à four doux pendant une heure et demie.
La cuisson est délicate. Bien s'assurer de la fermeté

du gâteau avant de le sortir définitivement du four.
Préparer le glaçage en faisant tiédir
40 grammes d'eau avec 120 grammes de sucre glace
ce qui donnera un sirop épais.
Badigeonner le gâteau avec un pinceau et
saupoudrer de pralines concassées.

Je ne veux plus écrire pour ce soir, je veux rêver. Le mois de décembre me rend toujours très nostalgique. Et ce soir, je vais laisser mes bouffées d'enfance remonter à la surface. Il me suffira de fermer les yeux et de me laisser guider par le petit garçon que j'ai été...

12 Décembre 1788

*I*l est de plus en plus question de dédoublement du Tiers. Les états du Dauphiné se sont réunis à Romans et se sont prononcés dans ce sens. Ils sont même allés plus loin, remettant en cause la délibération séparée et préconisant le vote par tête.

Des pétitions circulent. Les incident se multiplient. On parle même de révolte étudiante et de gentilshommes tués ou blessés.

Faut-il le croire ?

Et c'est aujourd'hui que se clôture l'assemblée des notables.

Que se passera-t-il si le conseil refuse le dédoublement du Tiers ?

Tout ceci m'indispose. Je me sens de plus en plus mal à l'aise comme s'il devait arriver quelque chose.

Quand je pense que je voulais parler, ce soir, de crème Chantilly. Cela paraît bien futile ! Mais je dois aller jusqu'au bout de ma tâche.

Soyons donc futiles !

L'invention de la crème Chantilly est attribuée à Vatel, maître d'hôtel de Fouquet. Cette crème aurait été servie pour une réception en l'honneur de Louis XIV au château de Vaux.

Revenu en France, après un séjour prudent en Angleterre à la suite de l'arrestation de Fouquet, Vatel passa au service du prince de Condé, à Chantilly où cet entremets fut baptisé.

la Crème Chantilly

Dans un récipient impérativement froid, faire monter un demi-litre de crème fleurette, 50 grammes de sucre glace et une demi-gousse de vanille grattée.

Fouetter rapidement avec un fouet souple.

Tout le secret est là : l'utilisation d'un récipient froid et d'un fouet souple.

15 Décembre 1788

Mon instinct ne m'avait pas trompé. Des événements se préparent. Le comte d'Artois, le prince de Condé et le duc de Bourbon ont remis au roi un mémoire où ils demandent à Sa Majesté de défendre les droits des deux premiers ordres.

Les gazettes en publient des extraits qui font froid dans le dos :

> « (…) *L'État est en péril… une révolution se prépare dans les principes du gouvernement… bientôt les droits de la propriété seront attaqués… déjà on a proposé la suppression des droits féodaux… Votre Majesté pourrait-elle… sacrifier, humilier sa brave, antique et respectable noblesse ?* »

C'est épouvantable ! Le texte se termine même sur un ton menaçant.

Je n'entends autour de moi, dans la rue, que haine vis-à-vis des princes de sang. Pas étonnant avec de tels propos !

Que peut faire le Roi, pris entre deux feux ?

Et si Louis XV et Mme de Pompadour aimaient à cuisiner en inventant des plats, notre bon Louis XVI doit avoir peu le loisir de songer à de tels amusements et, pourtant, on le dit gourmand.

Nos bavardages nous ont conduits jusqu'au XVIIIe siècle, notre siècle, où la cuisine va s'écarter de la simplicité passée pour cultiver la complexité, le raffinement, la virtuosité.

L'abondance s'efface au profit de la qualité, de l'accord, de l'harmonie des mets.

D'un côté, il y a François Marin, d'abord cuisinier chez Mme de Gessner puis maître d'hôtel chez le maréchal de Soubise qui, à travers *Les Dons de Comus ou les Délices de la Table,* propose une cuisine raffinée destinée aux soupers galants, aux réceptions royales ; de l'autre côté, nous trouvons Menon (je ne sais rien de cet homme, ni son prénom, ni chez qui il a servi) ; sa *Cuisinière bourgeoise* donne des recettes pratiques, faciles à exécuter, s'adressant à tout le monde. Menon est aussi un pâtissier inventif. Il crée de nouvelles recettes alors que, jusqu'à présent, la pâtisserie avait été un peu négligée. Du reste, aujourd'hui, on peut trouver dans tout le royaume des pâtisseries populaires telles que des rissoles, des massepains, des gaufres, des ratons, des casse-museaux, des fouaces, des talmouses, des gaufres.

Les oublies furent interdites un temps. Le soir, plusieurs membres de la bande de Cartouche s'étaient déguisés en oublieux pour commettre leurs forfaits. À partir de là, des dames se mirent à en vendre, non plus dans la rue, mais dans des guinguettes et elles prirent le nom de « plaisirs de dames ». Mais il me semble l'avoir déjà dit, je ne sais plus.

Les échaudés existent toujours et selon les régions portent des noms divers : cornaux, craquelins, colifichets, gimblettes…

Délaissés depuis les guerres de religion, ils viennent d'être remis à la mode par M. Favart, pâtissier rue de la Verrerie qui les a perfectionnés en ajoutant deux grammes de carbonate de potassium et trois grammes d'ammoniaque par livre de farine, ce qui les fait gonfler.

M. Favart remet aussi à l'honneur les nieules sous le nom de croquignieules.

Les beignets sont toujours de saison. Menon en propose d'étranges, les beignets bachiques (confiture enrobée dans une feuille de vigne); de poétiques, les beignets en Lac d'Amour; de savoureux, les beignets à la Reine en pâte d'amande aromatisée à la cannelle.

Mais ce qui est le plus original, ce sont les pets-de-nonne qui ont pris la succession des bénoiles, à base de purée de pomme de terre.

À l'origine, les pets-de-nonne étaient réalisés avec de la pâte à choux, mais depuis M. Parmentier tout le monde rivalise d'idées nouvelles pour l'utilisation de la pomme de terre. Il est vrai qu'en pâtisserie le champ d'investigation est restreint. Mais les pets-de-nonne s'y prêtent à merveille. Si l'idée ne vient pas de moi, je l'adopte volontiers d'autant que les approvisionnements de farine se font difficiles ; il faudra bien trouver des produits de remplacement !

Différentes légendes circulent quant à l'invention du pet-de-nonne ou soupir-de-nonne pour éviter de choquer.

Une tradition locale attribue sa création à une novice de l'abbaye de Marmoutiers, dans le Vouvray, prénommée Agnès, un certain jour de la Saint-Martin. La décence m'interdit de rapporter l'histoire en détail, elle se devine.

Mais l'abbaye de Marmoutiers n'est pas la seule à revendiquer l'anecdote ; en Franche-Comté, en Auvergne, en Dauphiné, en Touraine, tout le monde aurait eu sa petite nonne avec son drôle de petit bruit.

On raconte aussi que le chef d'office de la maison d'Orléans, Tiroluy, aurait eu le premier l'idée de faire des beignets avec de la pâte à choux et qu'il leur aurait donné le nom de pet-de-nonne en souvenir des pets-de-putain de François-Pierre de La Varenne.

Cette version est un peu tirée par les cheveux, n'est-ce pas ?

Moi je serais plutôt enclin à penser que ce gâteau est né d'une erreur : une manipulation hasardeuse dans une cuisine encombrée, un pâtissier qui en bouscule un autre, et voilà qu'une boule de pâte à choux destinée au four tombe malencontreusement dans une poêle. Et il suffit que le maladroit soit un peu curieux ; il attend que la boule de pâte soit bien dorée pour y goûter, le tour est joué et le pet-de-nonne créé.

Voici donc la recette des pets-de-nonne à partir de purée de pomme de terre :

Pâques

Moule à gâteau agneau pascal

Saint - Eustache

Douillons aux poires

Bourdelots aux pommes

les Pets-de-nonne
à la pomme de terre

Peler 200 grammes de pommes de terre et les cuire dans l'eau bouillante ; il faut éviter les pommes de terre nouvelles. Une fois cuites, égoutter les pommes de terre et les écraser en purée avec 40 grammes de sucre en poudre, 1 pincée de sel, 50 grammes de beurre et 1 cuillerée à café d'eau de fleur d'oranger.

Réserver.

Porter à ébullition 80 grammes d'eau.

Verser la purée de pommes de terre dans l'eau bouillante et bien touiller avec une cuiller en bois, hors du feu.

Remettre la casserole sur feu doux et travailler longuement avec la cuiller afin de sécher l'appareil, comme pour une pâte à choux. Retirer du feu, ajouter 3 œufs entiers et bien mélanger.

Chauffer l'huile de friture.

Former des petites boules de pâte à l'aide d'une cuiller à café. Jeter ces petites boules dans l'huile chaude mais pas fumante. Laisser cuire quelques minutes en les surveillant attentivement.

Retirer, à l'aide d'une écumoire, les pets-de-nonne quand ils ont pris une belle couleur dorée.

Et les servir chauds saupoudrés de sucre glace.

Noël approche. Il va y avoir un travail fou. Je ne pourrai pas m'empêcher de descendre en cuisine. Oh! mon aide est minime, je ne mets plus guère la main à la pâte mais je surveille, je conseille, je gronde aussi. Il le faut bien, les apprentis sont si jeunes, ils ne sont pas toujours très rigoureux et puis ils veulent faire trop vite. En revanche, j'écrirai moins.

20 Décembre 1788

*J*e l'avais bien dit. Noël nous accapare. Mais j'aime être pris dans cette folie, j'aime infiniment la fête de Noël. Les préparatifs, l'effervescence qui commencent longtemps à l'avance…

Quand j'étais petit enfant, en Alsace, dès le 6 décembre les festivités commençaient avec la Saint-Nicolas puis arrivait le 24 décembre.

Dans mon enfance, pourtant pauvre, mes parents s'arrangeaient toujours pour qu'il y eût quelque chose d'exceptionnel à manger. Ma chère mère nous confectionnait le traditionnel et savoureux « pain de Noël » appelé « Birewecke » ou « Bierawecka » qui se déguste avec du vin chaud à la cannelle avant de se rendre à la messe de minuit.

le Pain de Noël

Pour 10 à 12 personnes :

La veille au soir, découper en fines lanières des fruits secs : 500 gr de poires, 300 gr de quetsches, 200 gr de figues, 100 gr d'abricots, 50 gr d'écorce d'orange confite et 50 gr d'écorce de citron confite.

Faire macérer tous ces fruits dans un quart de litre de très bon kirsch dans lequel il faudra ajouter 100 gr d'amandes pelées et entières, 100 gr de cerneaux de noix, 100 gr de noisettes cassées en deux, 50 gr de raisins de Malaga et 50 gr de raisins de Corinthe.

Saupoudrer avec 7 gr de cannelle en poudre, 2 gr de girofle en poudre, 2 gr de râpure de muscade et 1 pincée d'anis étoilé en poudre. Laisser reposer 24 heures.

Le lendemain, ajouter à cette macération 200 gr de sucre en poudre puis 500 gr de farine tamisée avec 15 gr de levure de boulanger diluée dans un peu d'eau tiède. Pétrir pour obtenir une pâte bien lisse qu'il faut diviser en deux ou quatre parts suivant la taille désirée du gâteau.

Sur une plaque beurrée et farinée, déposer les parts façonnées en forme de pain ovale et allongé.

Laisser reposer 30 minutes dans un endroit tiède.

Puis cuire au four moyen pendant 1 heure.

Et voici à présent la recette du vin chaud :

---

le Vin chaud

*Faire chauffer 1 litre de vin rouge avec
125 grammes de sucre en poudre et attendre que
l'écume ait disparu pour ajouter un bâton de
cannelle et une demi-gousse de vanille fendue
en deux.*

*Dès le premier bouillon, retirer du feu.
Passer au tamis et servir aussitôt.*

Ou alors :

*En procédant de la même manière avec le vin,
ajouter 5 à 6 clous de girofle, 1 bâton de cannelle,
4 grains de poivre blanc concassé, 1 citron coupé
en quartiers et quelques tranches d'oranges.*

*Laisser bouillir doucement une dizaine de
minutes jusqu'à ce que le citron et l'orange soient
ramollis.*

Passer également au tamis et servir aussitôt.

C'est en l'an 354 que la célébration de Noël a été fixée
au 25 décembre. Je ne doute évidemment pas que l'Enfant
Jésus soit né ce jour-là. Je ne peux toutefois m'empêcher
de trouver cette date bien proche du 21 décembre, jour du

solstice d'hiver que fêtaient les adeptes du culte de Mithra. A-t-on, là encore, voulu récupérer une coutume païenne?

L'usage du réveillon, quant à lui, a dû s'établir progressivement, dicté par la nécessité de reconstituer les forces des fidèles éprouvés par quatre heures de ferveur dans une église glaciale, lors de la grand-messe de minuit. Sans compter les hors-d'œuvre, à savoir les trois nocturnes, matines, Te Deum et laudes.

Rien de tel, pour éveiller l'appétit, que la prière exprimée à pleins poumons.

Je passerai sur les mets proposés durant ce pantagruélique repas pour ne relever que les pièces de petit four, les tourtes et tartelettes, les entremets sucrés tels que les crèmes et les flans, puis les brioches, gâteaux de Compiègne, gâteaux de mille-feuille et biscuits de Savoie.

Neuf plats de dessert, pas moins, aux quatre coins de la table!

Sans oublier les quatre-mendiants qui se servent aussi traditionnellement à Noël et qui sont composés d'un assortiment de fruits secs : amandes, figues, noisettes ou noix et raisins de Malaga, dont la couleur évoque la robe des quatre grands ordres mendiants, les dominicains, les franciscains, les carmes et les augustins.

C'est bien à Noël que s'épanouit la gourmandise et l'on n'a jamais rien inventé de mieux, pour marquer sa joie, que de festoyer.

Et quelle joie plus grande que la naissance de Notre Seigneur!

29 Décembre 1788

Noël est passé. La fête a été belle et joyeuse ; mes enfants et petits-enfants m'ont entouré de leur affection. J'étais aux anges.

Pour un peu, j'en oublierais les dernières nouvelles : Louis XVI, avec beaucoup de bon sens, a accepté la proposition de Necker selon laquelle les bonnes gens auraient autant de représentants aux États Généraux que les nobles et les clercs. Mais il ne faut pas se réjouir trop tôt ; le Conseil ne s'est pas prononcé sur le vote par tête sans lequel le dédoublement du Tiers devient inutile.

Cette année, l'hiver est particulièrement cruel. La Seine est gelée jusqu'à Honfleur. Les moulins, pris dans la glace, ne tournent pas. Le bois imprégné d'humidité brûle mal. La misère tourmente les campagnes et commence à gagner Paris.

C'est l'occasion pour certains de manifester leur générosité. Le duc d'Orléans, qui est immensément riche, dépense chaque jour une fortune pour distribuer du pain à la population. La foule acclame le passage du carrosse de celui qu'elle appelle déjà le « protecteur du peuple ». Pourtant,

Versailles condamne avec mépris cette « charité de factieux ».
Il faut en être bien jaloux pour le juger ainsi.

Mais revenons à des choses plus savoureuses et puisque
Noël est la période des cadeaux, je voudrais rendre hom-
mage à un homme en transmettant une de ses recettes.

M. Gilliers entra au service de mon bon roi Stanislas quand
celui-ci s'installa à Lunéville, en tant que chef d'office et
distillateur.

Quand je quittai le service de Stanislas pour celui de sa
fille, le roi de Pologne s'installa dans un premier temps à
Chambord, ensuite à Meudon. Puis il retourna en Pologne,
je ne sais plus trop pour quelles raisons et, après maintes
péripéties de guerre, un traité de paix fut signé à Vienne, le
18 novembre 1738 pour être exact. Stanislas devait abdi-
quer mais il conservait les titres et les honneurs de roi de
Pologne. Il entra en possession des duchés de Lorraine et
de Bar, lesquels, à sa disparition, seraient réunis à la couronne de France. Il choisit d'habiter Lunéville et il y resta
jusqu'à sa mort.

Le sieur Gilliers et moi avons entretenu des relations épis-
tolaires un certain temps et échangé quelques idées gourmandes.

J'ai retrouvé dans son livre *Le Cannaméliste français* une
recette d'un gâteau qu'il m'avait transmise ; il m'avait confié
que ce gâteau plaisait fort à Stanislas : le biscuit à
l'Allemande, appelé Listlen.

le Listlen

Pour une cinquantaine de biscuits environ :

Prendre 85 grammes d'amandes douces hachées.

Pour les praliner à blanc, mettre dans une casserole 85 grammes de sucre en poudre avec 25 grammes d'eau.

Porter à ébullition et laisser bouillir 3 minutes.

Hors du feu, ajouter les amandes et mélanger.

Remettre sur le feu et bien touiller jusqu'à ce que cela cristallise et que le mélange devienne sableux.

Faire refroidir.

Pendant ce temps, piler ensemble 2 grammes de clou de girofle et 2 grammes de graines de coriandre puis tamiser.

Ajouter 2 grammes de noix de muscade râpée et 2 grammes de cannelle en poudre. Réserver.

Prendre le zeste d'un tiers de citron vert et le hacher. Réserver.

Battre 4 œufs en omelette. Ajouter 410 grammes de sucre en poudre. Bien mélanger.

Ajouter les épices, le zeste de citron et les amandes pralinées au blanc. Bien touiller le tout ensemble.

Ajouter 500 grammes de farine tamisée et pétrir avec soin.

Poser la pâte sur la table de travail bien farinée

et l'étendre au rouleau ; son épaisseur doit être celle d'un écu.

Couper au couteau des biscuits de 10 centimètres de long et de 4 centimètres de large.

Poser les biscuits sur une plaque recouverte d'un papier beurré et fariné.

Cuire à four chaud trois-quarts d'heure.

Dans une casserole, faire un glaçage en mettant 50 grammes d'eau et 250 grammes de sucre glace chauffés à feu doux.

À l'aide d'un pinceau, badigeonner chaque biscuit.

Fixer le glaçage au four chaud pendant 2 minutes.

Ces biscuits se conservent longtemps dans une boîte à biscuits.

Dans quelques jours, une nouvelle année commence.

Au cours de l'histoire, la chronologie des fêtes a toujours été fluctuante. Pour les Celtes, le Nouvel An débutait en novembre ; pour les Romains, le 1er puis le 25 mars. Charlemagne arrêtera la date du 25 décembre et il faudra attendre un édit de Charles IX, en 1564, pour fixer ce jour au 1er janvier. La fête de Noël précédera désormais de quelques jours la nouvelle année.

Et qui nous dit que les choses en resteront là ?

5 Janvier 1789

Je livre la dernière méchanceté qui circule sur le roi telle que l'on me l'a répétée : « Le roi très chrétien ne calcule pas ses dépenses sur ses recettes, mais ses recettes sur ses dépenses. »
La médisance des gens est sans limite !

Demain nous fêtons l'Épiphanie, la visite de Melchior, Gaspard et Balthazar, les Rois Mages, à l'Enfant Jésus.

Encore une occasion gourmande. Il est certain que la maison Stohrer fera cette année moins de galettes feuilletées mais elle les fera toujours avec autant d'amour.

La coutume du gâteau des Rois n'est pas nouvelle. Tacite raconte que, lors des saturnales, il était d'usage de tirer les Rois. L'heureux élu avait tous les pouvoirs, pendant quelques heures seulement, car sa souveraineté était limitée à la durée du festin.

Nous retrouvons au Moyen Âge cette tradition du gâteau des Rois, mais le « gastel à fève » n'était pas l'exclusivité de l'Épiphanie. On le servait également à d'autres fêtes ou pour célébrer un événement.

On m'a montré une charte de l'an 1311, signée de l'évêque d'Amiens, Robert de Fouilloy, qui prescrit, pour célébrer la fête des Rois, le « gasteau feuillé » qui n'est autre qu'une galette feuilletée garnie de la fameuse fève.

La charte n'en donne évidemment pas la recette.

La plus ancienne que je connaisse se trouve dans le *Thrésor de Santé* dont la publication date de 1607. On y explique que les gâteaux feuilletés sont confectionnés avec une pâte « fort molle et bien battue avec œufs, beurre & un peu d'eau », que l'on étend « fort mince & desliée » et sur laquelle « on sème par-cy par-là beaucoup de beurre frais en petits morceaux ».

La description continue mais il faut avouer que ce n'était pas tout à fait la pâte feuilletée que nous connaissons aujourd'hui. La pâte feuilletée telle qu'elle se pratique sera décrite en fait dans *Le Cuisinier françois* puis dans *Le Pâtissier françois* de François-Pierre de La Varenne au milieu du siècle dernier. Et, en revenant en arrière, il sera aisé de retrouver ma recette au chapitre des talmouses.

Cet usage de tirer les Rois s'observait même aux tables royales, comme celle de Louis XV qui aimait beaucoup le gâteau des Rois et le divertissement qui l'accompagnait, et à celles des grands du royaume.

Les dévots ne manquaient jamais de prélever sur la galette la part de la Sainte Vierge et celle de l'Enfant Jésus, qui étaient données aux pauvres. Anne d'Autriche, qui était très pieuse, observait scrupuleusement cette coutume qui a cours encore de nos jours dans certaines provinces.

Pour être aussi équitable que possible, la distribution des parts incombait à une main innocente, celle du benjamin de la tablée. Ce privilège de la jeunesse échut un jour au cardinal de Fleury, alors âgé de quatre-vingt-dix ans ! Son valet de chambre avait eu la délicate idée de n'inviter que des convives encore plus âgés que lui.

La fête et le gâteau des Rois ont inspiré les dramaturges. Ils valurent même la prison à ce pauvre Imbert qui avait eu la mauvaise idée de glisser dans sa pièce les deux vers suivants :

> *« Il est des sages de vingt ans*
> *Et des étourdis de soixante ans »*

Louis XV, alors sexagénaire, s'était, à tort ou à raison, senti visé.

Au XVIe siècle, une farce met en scène un héros pitoyable, solitaire, condamné à tirer les Rois avec son chat qu'il oblige à boire du vin en glapissant : « Le roy boit ! Le roy boit ! » Pauvre Jeninot !

La veille, la fête des Rois se criait de part les rues ainsi :

> *« Quand des Roys approche la feste*
> *Sachez à quoi je m'embesoigne :*
> *Je m'en vois criant des couronnes*
> *Pour mettre aux Roys dessus leurs testes. »*

Comme il se fait tard ! Je bavarde, je papote, je suis intarissable sur la fête de l'Épiphanie et je n'ai pas vu les heures passer. On verra demain pour les recettes.

6 Janvier 1789

oici donc les recettes, je dis bien recettes au pluriel car je vais dire un mot de la galette sèche et de la galette garnie de frangipane, qui se mangent plutôt dans les régions situées au-dessus de la Loire, et ensuite je parlerai de la couronne briochée qui se déguste en dessous de la Loire et j'en donnerai la recette.

En ce qui concerne la galette sèche, sa réalisation en est facile puisqu'il s'agit seulement d'un feuilletage, décoré sur le dessus au couteau et troué en son milieu.

Ce trou sert à les embrocher au bout d'un bâton ou sur le manche d'une fourche. Les paysans les offrent ainsi au roi.

La galette fourrée est également très simple à réaliser : une abaisse de feuilletage sur laquelle on tartine une couche épaisse de frangipane et que l'on recouvre d'un feuilletage.

On trouve une variante dite « Tourte à la Frangipane » consignée dans *L'art de bien traiter*, daté de 1674, rédigé par un énigmatique L.S.R.

Était-ce le sieur Rolland, officier de bouche de la princesse de Carignan, ou le sieur Robert, autre officier de bouche ?

Le mystère demeure entier. Mais toujours est-il que cette galette feuilletée garnie de crème d'amande et de pistaches pilées est vraiment délicieuse.

Quelle que soit la galette choisie, il ne faut en aucun cas oublier la fève !

Quant à la couronne briochée voici comment la réaliser :

le Couronne briochée

Pour 8 personnes :

Faire 500 grammes de pâte briochée, comme je l'ai déjà décrite, avec 250 grammes de farine tamisée, 25 grammes de lait (plus ou moins), 5 grammes de sel, 30 grammes de sucre, 3 à 4 œufs suivant leur taille, 15 grammes de levure de boulanger (10 grammes si l'envie de manger ce gâteau en été devient irrésistible) et 125 grammes de beurre.

Donner à cette pâte une forme ronde d'un diamètre de 22 centimètres et épaisse d'1 centimètre.

Faire une croix, au couteau, au milieu ; l'entaille doit être complète, pas seulement en superficie.

Faire macérer dans de l'eau de fleur d'oranger 100 grammes de fruits confits coupés en morceaux.

Pendant ce temps préparer 300 grammes de crème pâtissière.

Égoutter les fruits confits et les mêler à cette crème. Déposer cette crème sur le pourtour de la couronne, entre le bord et la fente, sans oublier la fève.

Dorer le bord de la couronne à l'œuf.

Prendre délicatement les pointes de la pâte au centre et les rabattre sur la dorure en tirant un peu sur la pâte de manière à recouvrir entièrement la crème pâtissière.

Retourner la couronne sur une plaque recouverte d'une feuille de papier en prenant bien soin de lui conserver sa forme ronde. Dorer à l'œuf.

Faire lever une demi-heure.

Deux possibilités se présentent : ou faire de petites entailles légères au ciseau, la couronne fera apparaître des petites dents en cuisant, ou la laisser lisse.

Mettre au four chaud 20 à 25 minutes.

À la sortie du four, arroser la couronne d'eau de fleur d'oranger.

Napper de confiture d'abricot diluée dans un peu d'eau de fleur d'oranger.

Décorer avec de gros fruits confits et du sucre en grains.

Mes goûts me portent plutôt vers la couronne briochée que vers la galette mais, en gourmand patenté, je me régale des deux.

10 Janvier 1789

*J*e viens de lire dans le *Mercure de France* un article qui donne franchement à réfléchir :

> « *Le débat public a changé de face. Il ne s'agit plus que très secondairement du roi, du despotisme et de la Constitution ; c'est une guerre entre le Tiers État et les deux autres ordres.* »

S'il a raison, on se doit d'avoir peur. Un peuple qui se soulève, jusqu'où peut-il aller ?

Il y a quelques jours, j'ai parlé de la crème frangipane. Cela me fait penser que je n'ai rien dit au sujet des gâteaux d'amande très en vogue dans tous les menus de qualité ni du gâteau de Pithiviers qui est plutôt une galette à la crème d'amande.

Ce genre de galette existe depuis le XVIIe siècle mais apparemment ce sont celles de Pithiviers qui seraient les plus réputées. Leur crème d'amande au beurre est une des meilleures qui soient.

Je suis très embarrassé pour parler de la pâte utilisée ; certains ouvrages expliquent que le Pithiviers est un « gâteau d'amande à la vanille qui se fait avec de la pâte brisée » pour d'autres, il est réalisé avec des « rognures de feuilletage ».

N'ayant pas de goût pour la pâte brisée, j'ai tranché en faveur du feuilletage et une crème d'amande au beurre parfumée à la vanille.

Je n'ai jamais trop compris l'engouement des gens pour le Pithiviers. C'est une pâtisserie proche de la galette fourrée des Rois, mais plus bourrative puisqu'elle est à base de crème d'amande et non de frangipane.

Que penser d'un Pithiviers en pâte brisée ! J'en frémis d'avance.

Quant au gâteau d'amande, on devrait plutôt dire biscuit d'amande, en voici la recette :

le Biscuit d'amande

Pour une douzaine de biscuits de 10 centimètres de diamètre et un demi-centimètre d'épaisseur.

Faire un puits avec 500 grammes de farine tamisée. Ajouter 250 grammes de sucre en poudre dans ce creux et 250 grammes de poudre d'amande, puis 185 grammes de beurre, 1 pincée de sel, 2 ou 3 jaunes d'œuf suivant la grosseur et un peu d'eau de rose.

Manier le tout bien ensemble. Si la pâte semble trop dure, ajouter encore quelques gouttes d'eau de rose. Lorsque la pâte sera prête, l'étendre sur la table de travail et, à l'emporte-pièce, la découper de la forme souhaitée : ronds, carrés, animaux, cœurs, etc.

Décorer la pâte au couteau.

Poser les gâteaux sur une plaque recouverte d'un papier beurré et fariné. Mettre à four doux jusqu'à ce que la couleur devienne blonde.

Sortir la plaque du four et dorer à l'œuf les gâteaux.

Enfourner de nouveau à four moyen jusqu'à ce que les gâteaux soient bien dorés.

Ce sont des biscuits parfaits pour accompagner des compotes, des marmelades ou des salades de fruits frais.

15 Janvier 1789

J'ai longuement parlé de la galette des Rois mais il existe une autre sorte de galette plus proche du biscuit sec, comme celle de Peau d'Âne dans le si joli conte de Charles Perrault que l'on trouve dans les *Contes de ma mère l'Oye* :

> *« Peau d'Âne donc prend sa farine*
> *Qu'elle avait fait bluter exprès,*
> *Pour rendre sa pâte plus fine,*
> *Son sel, son beurre et ses œufs frais,*
> *Et pour bien faire sa galette*
> *S'enferme seule en sa chambrette.*
> *(…)*
> *On dit qu'en travaillant un peu trop à la hâte,*
> *De son doigt par hasard il tomba dans la pâte*
> *Un de ses anneaux de grand prix ;*
> *(…)*
> *On ne pétrit jamais un si friand morceau,*
> *Et le prince trouva la galette si bonne*
> *Qu'il ne s'en fallut rien que d'une faim gloutonne*

Il n'avalât aussi l'anneau.
Quand il en vit l'émeraude admirable,
Et du jonc d'or le cercle étroit,
Qui marquait la forme du doigt,
Son cœur en fut touché d'une joie incroyable;
Sous son chevet il le mit à l'instant,
Et son mal toujours augmentant,
Les Médecins sages d'expérience,
En le voyant maigrir de jour en jour,
Jugèrent tous par leur grande science
Qu'il était malade d'amour. »

Et que serait le Petit Chaperon Rouge sans sa galette également ?

La galette, gâteau rond et plat, assez rudimentaire, tire son nom du « galet », ce caillou usé par la mer, par analogie de forme vraisemblablement. L'origine de la galette remonterait à l'âge de la pierre polie, époque où on les faisait cuire sur des pierres chaudes.

Ce fut, dans la France d'autrefois, le premier gâteau. On la faisait généralement en pâte à pain « améliorée » c'est-à-dire qu'on introduisait des œufs, ou du beurre, ou encore des fruits du verger. Dans toutes les régions, les mères de famille préparaient des galettes pour leurs enfants. Elles étaient soit bouillies au lait ou à l'eau, comme les échaudés – ce sont les golotes dont parle Restif de La Bretonne –, soit cuites au four à pain, parfois entourées d'une feuille de chou ou de maïs pour assurer une cuisson plus régulière, ou encore cuites à la poêle, proches parentes des crêpes.

Je ne donnerai qu'une seule recette de la galette, commune, aux œufs. Cette pâtisserie relève plus de l'anecdote que d'une réelle gourmandise :

la Galette

Pour une grosse galette :

Pétrir 375 grammes de farine tamisée avec 185 grammes de beurre ramolli, 125 grammes de sucre en poudre, 1 pincée de sel et 4 œufs.

Ajouter un peu d'eau de façon que la pâte devienne mollette.

Former une boule et aplatir au rouleau en ayant soin de la poudrer de farine afin qu'elle n'attache pas.

Dorer à l'œuf.

Décorer au couteau la galette.

Mettre à cuire au four moyen pendant une demi-heure.

Il est bon d'avoir toujours quelques galettes bien enfermées dans des boîtes, juste pour les petits creux et pas seulement quand on a une visite prévue chez sa grand-mère !

18 Janvier 1789

En cet hiver très rigoureux, le prix du pain ne cesse d'augmenter. Mais le pire est qu'il risque de manquer. La récolte de 1788 a été médiocre et les greniers se vident. Le blé est de plus en plus rare, même si Necker interdit de l'exporter et en fait acheter à l'étranger. Ce spectre de la disette hante les esprits et agite la population.

Et que fait-elle, cette population, quand elle vient à manquer de pain ? Elle se révolte, elle se soulève, elle gronde, elle accuse son roi. Que peut-elle faire d'autre ?

Prions afin de ne pas en arriver à cette extrémité.

Le pain ! Nourriture par excellence. Le plus nécessaire de tous les aliments.

Le pain ! Vieux comme Mathusalem et même davantage car, si l'on en croit certains ouvrages, l'homme a consommé du blé dès la préhistoire.

Déjà les hommes des cavernes savaient broyer des graines de céréales, millet, orge et parfois froment, sans doute encore laiteuses ou bien mûres, pour en faire des bouillies épaisses.

Des boules aplaties étaient façonnées puis torréfiées sur des pierres chauffées. Cela donna les premières galettes et ce fut le premier pas vers le pain que nous connaissons.

Les Égyptiens de l'Égypte ancienne cultivaient, en plus du blé, l'orge et l'épeautre. La farine fit son apparition. Elle restait grossière mais les grains étaient quand même écrasés dans un mortier de pierre avant d'être moulus sur une plaque de pierre puis passés au tamis. Ils ajoutèrent du sel et de l'eau. Ainsi, avec la pâte obtenue qu'ils pétrissaient, ils obtenaient une sorte de pain qu'ils faisaient cuire soit sur une pierre plate posée sur le feu soit dans un four. Ce fut le deuxième pas.

L'emploi des pâtes fermentées donnant une mie plus légère et plus savoureuse fut la troisième étape. Un véritable progrès.

Le code d'Hammourabi, roi de Babylone, qui date de plus de deux mille ans avant Jésus-Christ, nous prouve que l'utilisation du levain dans la fabrication du pain remonte à la nuit des temps. On y trouve des détails sur le pain, sur la bière, deux fabrications contemporaines, et sur une bière-mère c'est-à-dire un levain.

Les Hébreux apprirent à faire le pain chez les Égyptiens. Le pain azyme, pain sans levain que les juifs pratiquants mangent pendant sept jours durant la Pâque ou Pessah, en souvenir de la sortie d'Égypte et du passage de la Mer Rouge, viendrait du fait que les Hébreux, en s'enfuyant précipitamment d'Égypte, auraient oublié de se munir du levain

LA COMÉDIE ITALIENNE
LES JUMEAUX VÉNITIENS
GOLDONI

Bonnet de Turquie

CACAO

Le Chocolat

Gâteau au Chocolat L'Inca

avec leur blé. Par la force des choses, ils durent cuire leur pain sans son levain.

Dès cette époque, le pain se répand partout. D'après Athénée, on pouvait compter cent-soixante-douze espèces de pains dans la Grèce antique. Les céréales étaient broyées au pilon et on commence à voir apparaître des meules. Pour la cuisson, comme en Égypte, les Grecs utilisaient divers sortes de fours : la cloche à cuire, le four à cloche et le four en fosse où le pain était cuit sur les parois.

Les Étrusques furent de grands producteurs de blé, grâce à un sol d'une fertilité exceptionnelle.

Pline l'Ancien nous apprend qu'ils cultivaient non seulement le blé mais aussi le mil, le millet et le sésame.

Pendant longtemps, le pain fut considéré par le peuple romain comme une nouveauté et il ne commença à être vraiment consommé qu'à partir de l'ère chrétienne. La farine devint fine et légère et, tout comme les Grecs, les Romains distinguaient un grand nombre de pains selon leur composition, leur forme ou l'usage principal auquel ils étaient destinés. Les boulangers, à qui on élevait des monuments, agrémentaient la croûte de leurs pains de pavot, de fenouil, de persil.

Les Gaulois apprirent des Romains à fabriquer un beau pain blanc et l'améliorèrent en utilisant la cervoise pour le faire lever davantage. Le pain devint même un aliment religieux ; en effet, les druides l'utilisaient dans la cérémonie du gui.

Pour faire du pain, il faut commencer par moudre le grain, afin de le transformer en farine, ce qui n'était pas une mince affaire quand les moulins étaient tournés à bras ; dur labeur auquel les meuniers durent s'astreindre jusqu'à la fin de l'époque carolingienne, aidés il est vrai, pendant le Carême, par des pénitents volontaires, parfois aussi prestigieux que saint Germain ou sainte Radegonde.

Grâce à Dieu, aujourd'hui, pour tourner les moulins, nous avons l'eau de la Seine et le vent qui souffle sur la montagne Sainte-Geneviève ou les hauteurs du mont des Martyrs.

On n'a probablement jamais autant consommé de céréales qu'au Moyen Âge. Mais alors, le principal obstacle à la fabrication du pain était la rareté des fours. Bien souvent, on cuisait le pain sous la cendre ou sur des plaques de terre cuite chauffées par dessous. Le résultat était une sorte de pain rustique qui ressemblait à des fouaces ou à des galettes et qui durcissait si rapidement qu'on le mangeait généralement en soupe, c'est-à-dire trempé dans du bouillon ou dans du vin. La rareté des fours fut entretenue par la pratique du four banal, apanage du seigneur qui imposait, en le faisant payer, l'usage du four communautaire. Paris possédait aussi ses fours banaux. Plusieurs étaient à deux pas de notre rue Montorgueil : le four de la Couture près de Saint-Eustache, le four Gauquelin dans la rue de l'Arbre-Sec, le four de Sainte-Aure à côté de la rue du Pot-de-Fer. Je ne me souviens plus des autres.

Même les boulangers et les talemeliers, qui avaient le monopole de la fabrication et de la vente du pain, étaient obligés de cuire dans le four banal ; ce n'est que Philippe-

Auguste qui les affranchit de cette obligation ; moyennant redevance, évidemment.

Le Moyen Âge connaissait une grande variété de pains, parfois aromatisés de marjolaine ou même d'anis.

Les regrattiers, qui revendaient le pain fabriqué par certains boulangers, étaient très sévèrement contrôlés. Les jurés veillaient au respect des prix, bien sûr, mais aussi à ce que soient retirés de la vente les pains ratés, c'est-à-dire grignotés par les rats ou les souris, les pains brûlés, « reboutis » ou « mestournés ». Ces pains étaient vendus à vil prix ou même distribués gratuitement aux pauvres, le dimanche, au marché Saint-Christophe, près de Notre-Dame.

En dehors des périodes de disette, les boulangers utilisaient de la farine de froment pour faire le pain de « bon blé ». De ce pain, il existait partout deux et parfois trois variétés. La qualité supérieure, à la mie bien blanche et souple sous une croûte dorée, était faite de la fleur de farine. C'étaient les « pains de bouche » et les « pains mollets ». La qualité moyenne s'adressait à une clientèle plus large, aux officiers et aux ménagers disposant de ressources régulières. C'étaient les pains dits bis-blancs, jaunets ou bis. Le pain complet, ou « pain de tout blé », était réservé aux plus pauvres et servait à toutes sortes de préparations. Le pain « bis-cuit » était fait pour se conserver très longtemps, par exemple dans les cambuses des navires. Le pain « tranchoir », généralement cuit sans levain, servait d'assiette.

Pendant la Renaissance, le nombre des variétés de pains s'était considérablement réduit et, à Paris, on n'en comptait plus guère : la pain bis, le bis-blanc, le pain de chapitre ou choine ou encore choesne qui était plat, très blanc, de pâte très dure ne pouvant être pétrie qu'avec les pieds et le pain bourgeois.

Les villageois apportaient à Paris le pain de Gonesse, le meilleur d'entre tous, les mercredi et samedi, pour le vendre le lendemain ; ils devaient le vendre eux-mêmes ou le faire vendre par leurs femmes, leurs enfants ou leurs serviteurs mais il leur était interdit de le mettre en dépôt chez des regrattiers.

Et voici comment on criait dans les rues, dans les années 1545-1550 le bon pain :

> *« Demye douzaine de pain chaland !*
> *D'un moys n'en eustes, non pas de l'an*
> *D'aussi bon et de belle sorte.*
> *Regardez, à vous m'en rapporte. »*

Le pain chaland était un pain très blanc et très bien fait. C'est le nom que l'on donnait à tous les pains venant des environs de Paris, celui de Gonesse excepté.

C'est au siècle dernier que l'on fit du pain mollet, fermenté avec du lait, du sel et de la levure de bière. Longtemps interdit par la faculté de médecine, il était fabriqué clandestinement. Comme personne ne s'en trouvait mal, la Faculté finit par lever l'interdiction. On vit alors apparaître des pains mollets de toutes formes et de toute qualité : pain blême, pain cornu, présenté avec quatre cornes, pain de Gentilly, fait avec du beurre, pain de condition, pain de Ségovie, pain d'esprit, pain à café, pain à la mode, pain à la duchesse, à la citrouille, à la maréchale, à la Montauron, dont j'ai déjà parlé, et même des pains à la Fronde.

C'est sous Louis XIV que le pain s'allonge et qu'il ne se présente plus exclusivement sous forme d'une boule.

De nos jours, tous ces pains sont encore en faveur. Enfin étaient en faveur, devrais-je dire, car par la force des choses le choix est en train de s'amenuiser.

20 Janvier 1789

Je viens de relire ce que j'ai écrit il y a quelques jours ; à en croire mon discours, on jurerait que j'ai passé ma vie à faire du pain. Et parfois je me demande s'il n'est pas plus noble de faire du pain que des gâteaux. Disons qu'un boulanger a plus de raison d'être que moi.

Je ne nourris pas mes congénères, je ne les aide pas à vivre ; je les conforte dans leurs penchants gourmands que d'aucuns qualifient de répréhensibles.

En quelque sorte, le boulanger serait le Bon Dieu et moi le Diable…

Mais trêve de philosophie de taverne et revenons quand même aux friandises.

Le Pain des Houris n'est pas en soi un pain pour accompagner les mets au cours du repas mais une gâterie aux pistaches.

Cette friandise a un nom évocateur des richesses sucrées de l'Orient puisque une « houri » est une femme du paradis de Mahomet.

C'est Vitellius, empereur romain connu pour ses débauches, ses cruautés et son insatiable gourmandise, qui rapporta la pistache d'Asie Mineure en Italie.

La recette que je vais reproduire est celle que j'ai trouvée dans un ouvrage dont j'ignore l'auteur, *Manuel de la friandise ou les talents de ma cuisinière Isabeau mis en lumière.*

le Pain des Houris

Pour un gâteau de 8 personnes :

Prendre 200 grammes d'amandes mondées et 125 grammes de pistaches mondées également.

Les piler ensemble dans un mortier.

Ajouter 50 grammes de citron confit haché finement.

Bien mélanger.

Puis ajouter 250 grammes de sucre en poudre.

Séparer les jaunes des blancs de 7 œufs.

Ajouter au contenu du mortier les jaunes et manier bien le tout ensemble.

Battre les blancs en neige ferme.

Les incorporer à la pâte en soulevant l'appareil à l'aide d'une cuiller en bois. L'opération est délicate, il s'agit de ne pas reliquéfier les blancs.

Beurrer copieusement un moule. Sa forme importe peu, soit rectangulaire soit ronde et évidée en son centre.

Verser l'appareil dans le moule en le répartissant bien.

Cuire à four moyen pendant 1 heure.

À la sortie du four, alors que le gâteau est bien chaud, poudrer abondamment le Pain des Houris de sucre glace.

Attendre qu'il soit froid pour le déguster.

Ce gâteau est une vraie surprise ; il est exquis.

Ce qui est une surprise ce soir, c'est que je n'ai pas fait monter assez de bois. Il est vrai qu'il nous faut être très économes car si nous devions en manquer, comment ferions-nous fonctionner nos fours.

Il n'empêche que je suis gelé ; j'ai à peine la force de tenir ma plume. Je préfère en rester là ; allons rêver à des pays qui ne connaissent pas l'hiver.

25 Janvier 1789

Enfin une bonne nouvelle pour notre pauvre pays. Le roi vient de convoquer les élections aux États Généraux. Les députés du Tiers État seront élus au suffrage universel ou presque. Ceux de la noblesse au suffrage direct. Et les curés ont enfin obtenu d'être électeurs et de voter au côté des évêques.

Espérons que ces libéralités vont calmer les esprits.

Il y a une semaine, je parlais de la cherté du pain.

Or, quand les temps seront redevenus meilleurs, on pourra préparer la crème aux petits pains, recette trouvée chez Menon.

la Crème aux petits pains

Cette recette est pour deux ou trois personnes suivant l'appétit :

Prendre 3 petits pains au lait.

Ôter la croûte de dessous afin de pouvoir enlever la mie sans endommager la croûte de dessus.

Faire tremper les croûtes dans du lait et du sucre en poudre.

Délayer dans une casserole 30 grammes de farine tamisée et 7 jaunes d'œuf.

Réserver les blancs.

Dans la casserole, ajouter 120 grammes de poudre d'amande, un zeste de citron vert haché, un morceau de sucre, 750 grammes de crème fraîche.

Faire cuire le tout à feu très doux un quart d'heure puis retirer du feu.

Égoutter sur une grille les petits pains.

Dans un plat en terre, tapisser le fond avec un peu de cette crème.

Disposer ensuite les petits pains imbibés de lait, la face évidée vers soi.

Garnir l'intérieur des petits pains d'un peu de crème.

Poser le couvercle des petits pains.

Badigeonner avec le restant de crème.

Cuire au four chaud une demi-heure.

Pendant ce temps, monter les blancs en neige avec 150 grammes de sucre en poudre.

Une fois cuit, sortir le plat du four et étaler les blancs sur la préparation.

Saupoudrer de sucre en poudre.

Repasser au four jusqu'à une jolie coloration.

Servir chaud.

Et puisque nous en sommes au chapitre des crèmes, bien que la crème aux petits pains ne soit pas tout à fait une crème mais pas tout à fait non plus un gâteau, j'en note deux recettes que j'affectionne particulièrement.

Tout d'abord, la crème bachique dont le nom à lui seul est très évocateur et ensuite la crème à la sultane dont le nom vous transporte également.

La crème bachique est commune à bon nombre de livres de cuisine et chacun peut y aller de son imagination.

la Crème bachique

Pour 6 à 8 personnes :

Mettre dans une casserole une bouteille de vin blanc sec et fruité avec l'écorce d'un citron vert, 1 pincée de coriandre moulue, 1 morceau de cannelle et 80 grammes de sucre en poudre.

Faire bouillir à petit feu pendant un bon quart d'heure et réduire de moitié.

Délayer dans un récipient une demi-cuillerée à café de farine avec 6 jaunes d'œuf.

Verser petit à petit le vin débarrassé du citron et de la cannelle. Bien touiller.

Faire cuire la crème au bain-marie.

Quand elle sera prise, laisser refroidir au frais jusqu'au moment de servir.

Quant à la crème à la sultane, je l'ai trouvée dans un manuel *Le Cuisinier gascon* qui n'est pas un livre de recettes régionales malgré son titre. Ses recettes sont toutes excellentes et portent des noms cocasses.

Le livre est dédié au prince de Dombes que l'auteur, qui a préféré taire son nom, déclare être « un des meilleurs cuisiniers de France ».

Je ne serais pas surpris si un jour j'apprenais que *Le Cuisinier gascon* fut écrit par le prince de Dombes lui-même. Il était colonel général des Suisses et a eu souvent l'occasion de faire la cuisine pour Louis XV. Je ne sais rien de plus sur lui. Je ne sais même pas s'il est encore en vie.

Voici donc sa crème à la sultane :

---

la Crème à la sultane

Pour 6 à 8 personnes :

Mettre dans une casserole 100 grammes de lait et 50 grammes de crème fraîche, quelques gouttes d'eau de fleur d'oranger, 1 petit zeste de citron, 160 grammes de sucre en poudre, 1 morceau de cannelle et 1 pincée de coriandre moulue. Faire bouillir.

Laisser refroidir, passer au chinois et verser dans un récipient. Ajouter 12 jaunes d'œuf et mélanger.

Piler ensemble 40 grammes de biscuit au chocolat et 40 grammes de biscuit d'amande amère.

Ajouter un peu de citron confit haché menu et 2 pincées de cannelle en poudre.

Mettre ce mélange dans la crème, bien touiller et faire prendre au bain-marie.

Servir une fois la crème bien prise et froide.

Parmi tous les livres que j'ai consultés dans ma vie, il y a bien sûr maintes autres recettes de crèmes mais celles-ci me semblent tout à fait dignes de continuer leur existence.

30 Janvier 1789

*L*es élections se déroulent dans le calme dans l'ensemble du royaume. Je l'ai lu dans *La Gazette de Paris* ce matin.

Le gouvernement a eu la sagesse de ne pas faire droit aux exigences de certains notables, comme le prévôt de Paris ou le cardinal de Rohan, qui prétendaient être nommés députés de plein droit.

Dieu merci, les élections demeurent entièrement libres.

J'abandonne les crèmes et j'en reviens au gâteau.
Il s'agit, aujourd'hui, du Gâteau à la Royale.

le Gâteau à la Royale

Pour 8 personnes :

Préparer une pâte à choux avec 125 grammes de beurre, 125 grammes d'eau, 125 grammes de lait, 10 grammes de sucre en poudre et 1 pincée de sel puis 125 grammes de farine tamisée.

Ensuite ajouter 5 œufs, un à la fois.

Quand la pâte est bien molle sans être liquide, ajouter 60 grammes de pralines concassées très finement, 30 grammes d'eau de fleur d'oranger et 1 goutte d'essence d'amande amère.

Bien mélanger le tout avec une cuiller en bois.

Dresser des petits gâteaux de la moitié d'un œuf sur une plaque recouverte d'un papier beurré et fariné. Dorer avec un œuf battu.

Faire cuire au four d'une chaleur douce une demi-heure.

Présenter avec des aiguillettes d'écorce d'orange confite posées sur le dessus du gâteau.

Je n'ai guère envie d'aller me coucher ; je vais donc continuer sur ma lancée et noter la recette du Gâteau de Compiègne aux anis et aux raisins de Corinthe.

C'est un gâteau fort plaisant.

Et l'on peut faire le Gâteau de Compiègne de diverses façons : à l'angélique et aux cerises, au cédrat, à l'orange, aux abricots mais celui que je préfère est bien aux anis et aux raisins de Corinthe :

le Gâteau de Compiègne

Pour 8 personnes :

Tout d'abord, réaliser un levain : déposer 125 grammes de farine tamisée sur une table de travail et creuser un puits.

Délayer 30 grammes de levure de boulanger avec 2 cuillerées de lait juste tiédi de façon à favoriser l'action de la levure.

Mélanger rapidement du bout des doigts la levure et la farine.

Ajouter éventuellement un peu de lait pour obtenir une pâte mollette.

Laisser lever pendant 1 heure dans un endroit assez chaud jusqu'à ce que le levain se gonfle, crevasse et s'écaille en surface.

Pendant ce temps, faire macérer 60 grammes de raisins de Corinthe dans un petit verre d'anis espagnol ou d'anisette de Bordeaux.

Ensuite, avec 375 grammes de farine tamisée, 10 grammes de sel, 40 grammes de sucre en poudre,

120 grammes de crème fraîche épaisse, 20 grammes de crème fouettée, 330 grammes de beurre, 3 œufs entiers et 3 jaunes d'œuf, réaliser une pâte dans laquelle on ajoute le levain lorsqu'il est levé à point.

La pâte doit alors se retrouver molette et lisse comme du satin.

Ajouter les raisins et l'anisette et 60 grammes de dragées à l'anis concassées (anis de l'abbaye de Flavigny, par exemple).

Bien mélanger le tout avec une cuiller en bois.

Beurrer un moule cylindrique et cannelé ; prendre soin que le moule soit bien masqué de beurre sinon le gâteau risque de coller au moule.

Verser la pâte.

Placer ensuite le moule couvert d'un linge dans un lieu propice à la fermentation c'est-à-dire à une chaleur tempérée.

Il faut que la pâte double de volume et qu'elle soit bombée en surface.

Mettre le gâteau au four à chaleur modérée.

Laisser cuire le gâteau 1 heure mais en le surveillant ; il doit être un peu ferme.

Et pour compléter le goût subtil et anisé de ce gâteau, je suggère de l'accompagner d'un petit verre de vespetro. Cette liqueur ne peut faire que du bien puisqu'elle fut approuvée des médecins du roi. Comme j'ai trouvé la recette chez Menon, je suppose qu'il s'agit de Louis XV.

le Vespetro

Pour 1 litre :

Dans un mortier, concasser grossièrement 10 grammes de graines d'angélique, 15 grammes de graines de coriandre, 1 pincée de graines de fenouil, 1 pincée de graines d'anis vert. On peut également ajouter un peu de badiane.

Dans un bocal ou mieux dans un récipient en grès avec un couvercle, verser 1 litre d'esprit de vin.

Ajouter les graines concassées, le jus d'un citron avec ses zestes et 500 grammes de sucre en poudre.

Laisser macérer en remuant de temps en temps.

Menon indique 5 jours, moi, je préconise au moins 15 jours.

Au bout de ce temps, filtrer la liqueur et transvaser dans des bouteilles bien bouchées afin que la liqueur garde tout son arôme.

Je n'arrive pas à me réchauffer ; pourtant, ce soir, je ne manque pas de bois.

Pourvu que je n'attrape pas mal de nouveau. L'hiver est si rude, je suis si frileux !

Me servir un petit verre de vespetro s'impose, je crois.

2 Février 1789

Le temps continue d'être épouvantable et les routes infréquentables.

Mon voisin d'en face, celui qui s'occupe des diligences, en a les sens retournés : la dernière diligence venant de Gisors a versé dans le fossé à l'approche de Paris. Deux blessés légers, quelques gnons, beaucoup de mauvaise humeur, la diligence endommagée. Il ne sait plus à quels saints se vouer pour que le temps s'améliore. Pauvre cher homme !

Aujourd'hui, jour de la Chandeleur. Tout le monde oublie ses soucis du moment pour confectionner crêpes et beignets. J'ai déjà parlé de la fête de la Chandeleur. Pas question de radoter.

Il me revient que, ce jour-là en Alsace, les beignets ou les crêpes, je ne sais plus, sont aussi utilisés pour conjurer le sort : on donne le premier beignet ou crêpe aux poules pour qu'elles deviennent d'actives et précoces pondeuses.

15 Février 1789

Il fait si froid que j'ai renoncé ces temps derniers à m'installer à ma table de travail. Il faut économiser le bois. Pourtant je dois avancer dans mon entreprise.

La dernière fois que j'ai écrit, j'ai fait allusion à Gisors. Gisors est en Normandie, dans le Vexin, aussi je pense que je pourrais parler des douillons et des bourdelots.

Douillons ou bourdelots, le principe est le même mais ce sont des douillons quand il s'agit de poires et des bourdelots quand il s'agit de pommes.

Ce sont des chaussons de fruit entier. Une abaisse de pâte brisée ou feuilletée enveloppe entièrement le fruit que l'on fait cuire au four. Un fruit enveloppé confortablement dans la pâte comme dans une « douillette », épais manteau fourré dont le douillon tire son nom.

Pour le bourdelot, je ne sais rien sur l'origine du mot.

En revanche, je sais qu'on dit parfois des rabottes de pommes ou de poires. Mais je n'en sais pas plus sur l'origine de l'expression.

C'est un dessert d'automne qui utilise la pomme de reinette ou la poire de coq.

le *Douillon* et le *Bourdelot*

Il faut prendre 1 pomme ou 1 poire par personne :

Éplucher les fruits et ôter délicatement le cœur par le bas sans les transpercer ; l'opération est délicate car il faut garder la queue du fruit intacte.

Réserver dans de l'eau citronnée afin que le fruit garde sa belle couleur blanche.

Dans un mortier, écraser légèrement 100 grammes de cerneaux de noix.

Remplir un bol de 80 grammes de miel, ajouter les cerneaux de noix, 1 grosse pincée de cannelle en poudre et mélanger ; on peut y ajouter également un peu de muscade.

Garnir le cœur des fruits avec cette préparation.

Étaler la pâte feuilletée et diviser le feuilletage en autant de carrés qu'il y a de fruits.

Poser les fruits debout sur les carrés de feuilletage.

Mouiller légèrement les angles et les rabattre au sommet des fruits en laissant dépasser la queue.

Souder les arrêtes en pinçant la pâte.

Avec les chutes de la pâte, découper des feuilles

pour décorer joliment les douillons ou bourdelots
et les fixer à leur tour.

Poser les fruits enveloppés dans un plat en terre
beurré.

Dorer à l'œuf et laisser reposer au froid environ
une demi-heure.

Dorer à nouveau et mettre à four chaud pendant
20 minutes.

Puis abaisser la température et finir de cuire,
à four moyen, pendant encore 20 à 25 minutes,
en surveillant bien la coloration.

Si les douillons ou les bourdelots se colorent trop
vite, baisser encore un peu le four.

Servir tiède ou froid.

On trouve ce dessert succulent chez Menon sous le nom de Pommes à la Régence, à la seule différence qu'il emplit le fruit de marmelade d'abricot.

les Pommes à la Régence

Une variante délicieuse que Menon appelle
« Pommes à la Régence d'une autre façon » consiste
à faire cuire les fruits dans du vin de Bourgogne
et un peu d'esprit de vin, du sucre et de la cannelle.

Quand les pommes sont cuites, les retirer de ce
sirop.

Puis laisser bouillir ce sirop jusqu'à ce qu'il soit
en caramel.

Remettre les pommes dans la casserole et leur
faire prendre tout le sirop caramélisé.

Mettre les fruits à refroidir.

Puis les envelopper comme il a déjà été dit.

Et puisque me voilà lancé avec les pommes, je me dois de noter un merveilleux dessert, le pur dessert d'enfance, préparé avec amour par ma grand-mère et qui m'émeut encore quand j'y songe. Il est pourtant d'une simplicité désarmante ; ce sont les pommes au four.

les Pommes au four

Prendre des pommes d'automne ou d'hiver sans les éplucher, une par personne.

Oter entièrement le cœur.

Beurrer un plat en terre et disposer autant de morceaux de sucre qu'il y a de pommes dans le fond du plat avec un ou deux clous de girofle et une cuillerée à soupe de rhum ou, mieux encore, de vieux calvados.

Dans un bol, mélanger du miel, de la cannelle en poudre, de la muscade râpée et une pincée de poivre.

Poser les pommes dans le plat et garnir le creux avec ce mélange.

Inciser en forme de petites croix le dessus des fruits.

Faire cuire à four chaud pendant une demi-heure.

Demain, ce sera jour de caprice, je veux qu'on me serve des pommes au four.

LES PUITS D'AMOUR

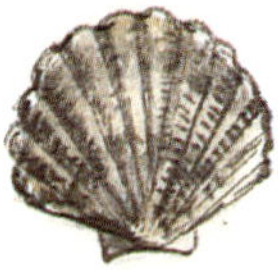

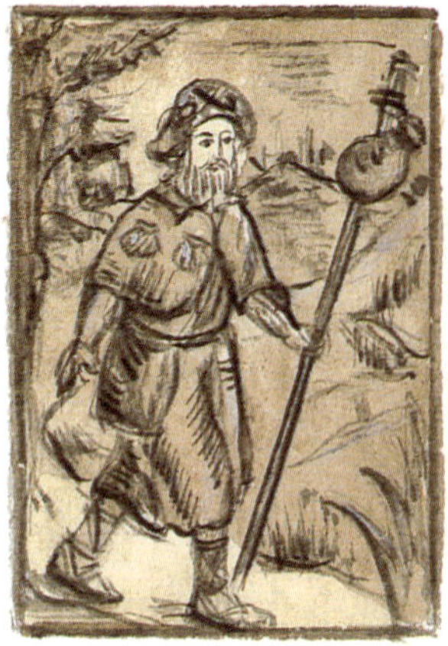

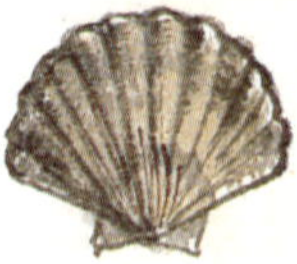

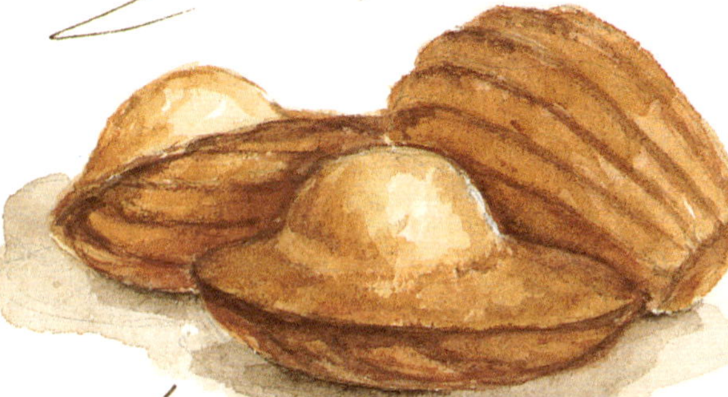

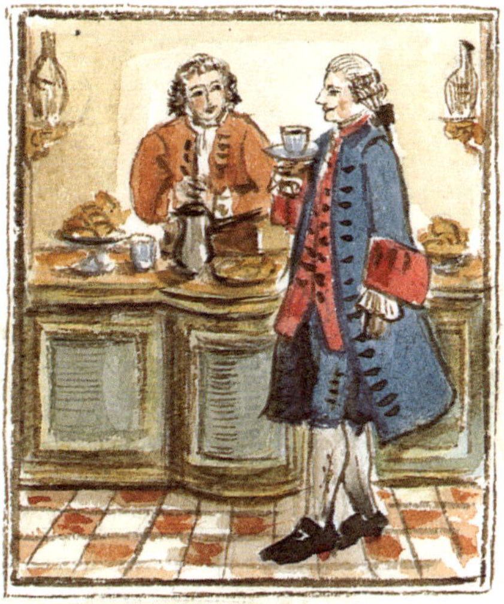

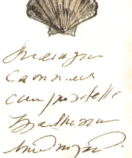

19 Février 1789

Pâques sera le mois prochain. J'anticipe un peu mais qui dit Pâques pense aux Rameaux. Et je déplore qu'à l'inverse des régions méridionales il n'y ait pas chez nous cette coutume des rameaux décorés, dont l'origine est à la fois païenne et chrétienne.

Officiellement, la fête des Rameaux commémore le triomphe fait à Jésus par les habitants de Jérusalem qui l'accueillirent en criant « Hosanna » et en agitant des branches de palmier.

Mais Pâques c'est aussi le renouveau de la végétation, le printemps que l'on célébrait déjà à Athènes où des processions d'enfants déposaient aux pieds d'Apollon des rameaux garnis de fruits et de gâteaux.

Aujourd'hui encore cette coutume subsiste dans certaines de nos régions où des enfants brandissent à la messe des rameaux décorés de fleurs, de rubans de couleur, de fruits et même de friandises spécialement confectionnées pour l'occasion.

Pâques, c'est la fête du printemps, comme Noël est la fête de l'hiver. Toutes deux ont leurs coutumes traditionnelles et charmantes qui se perpétuent au fil des siècles.

La date de la fête de Pâques varie d'une année sur l'autre, puisqu'elle est soumise aux caprices de la lune, ainsi que l'a décidé le concile de Nicée ; mais elle n'est jamais très éloignée de l'équinoxe de printemps.

L'origine de l'œuf de Pâques (ou de printemps) remonte à la nuit des temps. Les Romains, qui avaient coutume de s'offrir des œufs le premier jour de l'année – qui commençait au mois de mars, nous l'avons vu – tenaient sans doute cette coutume des Orientaux lesquels attribuaient à l'œuf un caractère à la fois mystérieux et mystique.

Est-ce parce que l'œuf symbolise la résurrection qu'on a trouvé des œufs d'argile dans des sépultures phéniciennes ?

Les druides attribuaient des prophéties surnaturelles à des pierres fossiles qu'ils appelaient « œufs de serpent ».

Le symbole a la vie dure et encore de nos jours, à la fin de la semaine sainte, les enfants pauvres des campagnes vont de ferme en ferme quémander les œufs de Pâques.

Stanislas me raconta un jour qu'en Pologne l'œuf de Pâques est symbole d'hospitalité et que chaque passant, connu ou inconnu, peut s'asseoir à la table du seigneur pour y manger des œufs durs.

C'est aussi une façon d'en finir avec le Carême interdisant l'usage des œufs, tout comme le beurre et le fromage et ce pendant quarante jours. La veille de Pâques, on va faire bénir à l'église, avant de les offrir à ses proches, des œufs teints de couleurs vives : jaune, bleu, vert mais surtout rouge, pour exalter la gloire du Christ ressuscité.

Dans les dernières années du règne de Louis XV, on a vu des œufs rouges être payés jusqu'à cent écus la pièce. Des artistes habiles s'amusaient à dessiner à la pointe sur ces œufs de charmants tableaux, des paysages, des fleurs et jusqu'à des scènes historiques. Des peintres célèbres comme Boucher, dont le savoir-faire était si aimable et la touche si gracieuse, ne dédaignèrent pas d'en peindre.

Malheureusement les œufs rouges sont un peu passés de mode.

D'un symbolisme religieux incontestable, le gâteau de Pâques alsacien en forme d'agneau figure le Christ immolé. Il rappelle également qu'en Alsace la coutume veut que l'on offre, à Pâques, un agneau aux seigneurs. Il est également lié à l'importance de la communauté juive en Alsace : la Pâque juive, qui évoque la sortie des Hébreux d'Égypte, rappelle aussi que l'ange exterminateur n'épargna que les maisons marquées « du sang de l'agneau ».

Quoi qu'il en soit, le symbole de l'agneau se retrouve dans une délicieuse petite pâtisserie alsacienne. Mais cette pâtisserie étant typiquement locale, je ne l'ai jamais proposée à la vente ; du reste, j'aurais beaucoup de peine à en reproduire la recette ; je l'ai totalement oubliée.

La mémoire est un phénomène bien étrange ; pourquoi des faits insignifiants nous reviennent et d'autres qui ont fait partie de notre vie, de notre métier, s'échappent à jamais ?

J'ai passé hier au soir une délicieuse soirée. Je me suis rendu au théâtre !

« Au théâtre ! » s'est écriée Hortense, ton arrière-grand-mère. « Ces frivolités ne sont plus de ton âge ! » Comme si le théâtre était chose frivole !

J'ai toujours aimé, adoré le théâtre. Même s'il fallait me porter, je continuerais d'y aller, n'en déplaise à Hortense.

Mais je veux bien penser que ma chère femme s'est en fait souciée de me voir prendre mal. Il est vrai qu'il faisait un froid de loup.

La Comédie Italienne jouait *Les Jumeaux vénitiens* de Carlo Goldoni. C'était si gai, si drôle, si pétillant ! Un régal !

Mon vieil ami Orgon, qui était de sortie avec moi, m'a appris que Goldoni vivait près de chez moi, à quelques pas de notre boutique, au coin de la rue Saint-Sauveur et de la rue des Deux -Portes. Assez modestement, dit-on.

Si j'étais jeune et fringant, je crois que j'aurais l'audace de frapper à sa porte et de lui déclarer mon admiration.

Vraiment quelle belle soirée ! Je n'en ai pas honte.

D'aucuns trouveront sans doute qu'il est indécent de prendre du plaisir à quelque chose d'aussi superficiel qu'une représentation théâtrale. N'en déplaise aux grincheux, il faut rendre grâce au théâtre de nous faire oublier, ne serait-ce que quelques heures, nos temps si déprimants.

Et pour être tout à fait inconvenant, revenons à la pâtisserie ; le Bonnet de Turquie est un très joli gâteau, très bon aussi, qui se fait dans un moule ayant la forme d'un bonnet turc, avec des côtes. Ses bandes blanches et rouges rappellent également le bonnet turc ou celui du fou du roi. Quand ils sont petits, gros comme le poing, on les appelle « bobichons ».

Il est à base de pistaches. J'ai déjà écrit que la pistache était connue grâce à Vitellius mais ce que je n'ai pas dit c'est que, chez les Anciens, la pistache avait la réputation d'être l'antidote contre les morsures de serpent.

le Bonnet de Turquie

Pour 8 personnes :

Piler dans un mortier 500 grammes de pistaches avec 250 grammes de sucre en poudre.

Ajouter le zeste râpé d'un citron vert et 15 jaunes d'œuf. Réserver les blancs.

Bien mélanger le tout avec une cuiller en bois ; la pâte ne doit pas être trop liquide mais lisse et mousseuse.

*Battre les blancs en neige ferme puis les
incorporer au mélange avec précaution.*

*Ajouter, petit à petit, tout doucement,
250 grammes de farine tamisée, sans battre,
en soulevant la masse.*

Beurrer un moule.

Verser la pâte dans le moule.

Saupoudrer de sucre en poudre

Cuire à four doux pendant 2 heures.

Le gâteau doit beaucoup monter.

*Une fois cuit, le sortir du four et le laisser
refroidir.*

Il s'agit maintenant de glacer le gâteau :

*Battre 2 blancs d'œuf en mélangeant bien, petit
à petit, 200 grammes de sucre glace.*

*Avec la moitié de cette préparation, décorer le
gâteau en y dessinant des bandes ; dans l'autre
moitié, ajouter quelques gouttes de colorant rouge
(cochenille) et en décorer le reste du gâteau.*

Chez Menon, on trouve cette recette, avec ce décor de
bandes blanches et rouges, sous le nom de Bonnet de Turquie
à la Tribouillet. Avec Tribouillet, il faut comprendre Triboulet,
bouffon de Louis XII et de François Ier.

9 Mars 1789

Le prix du pain devient déraisonnable et provoque des émeutes tant dans les provinces qu'à Paris. Le mécontentement s'enfle. On rapporte que des groupes armés auraient attaqué des maisons de notables, des magasins de blé et même l'Hôtel de Ville. Bientôt, on volera du pain sur les étals.

Très égoïstement, je songe à la maison Stohrer ; il ne s'y vend pas de pain mais qui manque de pain peut voler de la brioche.

Et le peuple, à défaut de pain, va se nourrir de violence, de haine et de colère.

Je tremble vraiment pour les miens.

Nous vivons une drôle d'époque. Je l'ai déjà dit mais ce sont les événements qui me font radoter.

Ce soir, à la fin du dîner, mon fils fit monter des meringues préparées à mon intention par un jeune pâtissier entré nouvellement dans la maison Stohrer. Je dois avouer qu'elles étaient fameuses ; j'adore la meringue, si blanche, si pure, si légère, un nuage, un délice d'ange.

les Meringues

Pour une vingtaine de petites meringues :

Dans un bol, sur un bain-marie, chauffer en fouettant 4 blancs d'œuf et 250 grammes de sucre en poudre. Il faut que ce mélange soit chaud mais supportable au toucher.

Retirer du feu et fouetter vigoureusement jusqu'à ce que la meringue soit ferme et garde sa forme en bec d'oiseau.

Dresser sur un papier beurré et fariné des petits tas de la grosseur d'un œuf avec une cuiller.

Mettre au four tiède ou four éteint après une utilisation, au moins 2 heures.

Mon bon roi Stanislas fut certainement le premier à y goûter en France.

C'était à Wissembourg, vers 1720, je m'en souviens.

Mes camarades et moi chapardions les miettes quand les plats revenaient en cuisine et nous trouvions cela divin. Stanislas en était toqué. Il a donc fallu apprendre à faire des meringues. Tout d'abord, il nous fallait un bon fouet de buis. On faisait bouillir les branches de buis et on les épluchait. Cela donnait les fouets les plus efficaces et les plus beaux blancs qui soient.

176

À l'époque, je me souciais fort peu de connaître l'ori-gine d'un gâteau ; j'étais avide d'apprendre à savoir faire mais d'où venait telle ou telle friandise, son créateur, ne me sem-blait pas important. Cette curiosité m'est venue quand j'ai créé ma propre maison.

Mais quel benêt ai-je été !

Pour la meringue, par exemple, j'entends plusieurs ver-sions et je ne suis pas très avancé.

L'une étant que la meringue a été créée à Mehringhem, petite ville du duché de Saxe-Cobourg, par un nommé Casparini, d'origine suisse, qui lui donna le nom de cette ville.

L'autre version est que la meringue était déjà connue en Pologne sous le nom de « marzynka »

Si j'avais été moins sot, j'aurais appris la vérité, simplement en posant la question sans manquer de respect à Stanislas. Il aimait ma timidité mêlée d'effronterie.

Les meringues m'ont apporté un tel apaisement que je me sens flotter. Je vais profiter de cet état de béatitude pour me pencher sur un livre que j'ai acquis cet après-midi. J'ai marché vers la Seine et suis passé chez mon libraire pré-féré. C'est un petit homme tout ridé, aussi poussiéreux que ses livres, portant un bonnet de laine été comme hiver. Il est incroyable, fascinant, il sait tout, il a tout lu et je me fie tou-jours à son jugement.

Aujourd'hui, il m'a recommandé un nouveauté, *Paul et Virginie* de Jacques-Bernardin-Henri de Saint-Pierre. C'est l'histoire de deux enfants qui s'aiment d'amour tendre dans une île qui ressemble à un paradis.

Ce soir, j'abandonne ma plume et je me fais lecteur.

15 Mars 1789

Tous ces derniers soirs, j'ai préféré la lecture à l'écriture. Et je sais maintenant que la belle histoire de Paul et de Virginie se termine bien mal.

À peine sorti des rêveries de mon livre que me voilà en colère et perplexe.

Mon fils vient de m'apporter un gâteau acheté chez un confrère, rue Montmartre, à prix d'or, pensez, en ce moment !

Le gâteau se nomme génoise.

Mais je ne suis pas d'accord, mais pas d'accord du tout ; une génoise, ce n'est pas cela, non et non !

Je n'invente rien, La Chapelle et Menon l'ont écrit, une génoise est une sorte de petit chausson de pâte croustillante fourrée d'une noisette de crème pâtissière à la pistache et plongée dans un bain de friture. Ce n'est pas ce que je viens de manger ; c'est un gâteau fort bon au demeurant, composé de farine, de sucre et d'œufs, fourré de confiture. Mais pourquoi lui avoir donné le nom de génoise ? La clientèle gourmande ne va plus s'y retrouver.

Voici LA génoise que j'ai apprise de mes aînés :

la *Vraie génoise*

Pour 24 petites génoises :

Réaliser 200 grammes de crème pâtissière.

Quand la crème pâtissière est cuite, ajouter 40 grammes de pistaches pilées et 40 grammes de citron confit haché.

Mélanger le tout ensemble avec une cuiller en bois.

Faire deux abaisses très fines de 35 centimètres par 25 centimètres avec 300 grammes de pâte feuilletée.

Dorer une première abaisse à l'œuf et disposer des petits tas de crème à égale distance.

Couvrir de la deuxième abaisse et, à l'aide d'un coupe-pâte, couper chaque génoise ; il est impératif que chaque génoise soit très petite.

Dans une poêle faire chauffer de l'huile d'arachide ; il faut que l'huile soit chaude mais non fumante.

Faire frire chaque génoise et les retourner chacune de temps en temps.

Quand elles sont bien dorées, les retirer avec une écumoire.

Puis saupoudrer avec du sucre en poudre et glacer au fer à caraméliser.

Voyons maintenant la fameuse génoise de Monsieur dont je ne sais pas le nom et que nous nous sommes amusés, mon fils et moi, à reconstituer, tout en la goûtant : une bouchée, on peut dire qu'il y a des amandes, une autre bouchée, des zestes d'orange, et ainsi de suite.

la Fausse génoise

Pour 8 personnes :

Mettre les zestes de 3 oranges dans 170 grammes de sucre en poudre et réserver.

Pendant ce temps, monder 165 grammes d'amandes douces et les piler dans un mortier.

Quand les amandes seront pulvérisées, les mettre dans un récipient avec 240 grammes de farine, le sucre en poudre sans les zestes, 8 jaunes d'œuf, 3 œufs entiers, 2 cuillerées de marasquin et 1 pincée de sel.

Bien manier le tout ensemble.

Ramollir 240 grammes de beurre.

Mêler ce beurre d'abord avec un peu d'appareil puis l'amalgamer avec le reste.

Beurrer un moule rond à bord haut et non cannelé et verser l'appareil.

Glacer le gâteau avec 160 grammes de sucre en poudre, du blanc d'œuf et un peu de marasquin.

Cuire à feu moyen pendant une demi-heure.

Une fois cuit et refroidi, démouler et couper le gâteau en deux dans le sens horizontal.

Tartiner de marmelade d'orange chaque moitié, sur la face coupée.

Reconstituer le gâteau et décorer le dessus avec des zestes d'écorce d'orange confite et servir.

Je suis obligé d'avouer que j'ai beaucoup apprécié ce gâteau surtout quand il est accompagné d'un Ratafia d'orange :

le Ratafia d'orange

Pour 2 litres :

Choisir 6 belles oranges à peau épaisse.

Prélever le zeste en spirale en ayant soin de laisser la partie blanche qui, elle, est amère.

Presser les chairs pour en extraire tout le jus.

Ajouter 500 grammes de sucre en poudre.

Quand le sucre est complètement fondu, verser dans 2 litres d'esprit de vin sans oublier les zestes.

Ajouter 4 clous de girofle.

Bien mélanger.

Transvaser dans des bocaux à couvercle en répartissant équitablement les clous de girofle.

> *Fermer hermétiquement. Et laisser infuser pendant 1 mois.*
>
> *Transvaser de nouveau dans des bouteilles, cette fois en ayant soin d'ôter les zestes (sinon le ratafia serait trop amer) et les clous de girofle.*

Pour goûter la fausse génoise, j'avais ressorti une ancienne bouteille de ratafia d'orange justement.

J'ai peut-être un peu abusé; je me sens tout étourdi. Je m'arrête ici pour ce soir, sinon j'en viendrai à finir la bouteille.

1ᵉʳ Avril 1789

Jusqu'en 1564, l'année commençait le 1ᵉʳ avril. Ce fut une ordonnance de Charles IX qui la fit partir du 1ᵉʳ janvier.

Certains manifestèrent leur désapprobation en continuant d'offrir des étrennes le 1ᵉʳ avril, comme si de rien n'était. Puis l'usage se poursuivit mais les cadeaux devinrent dérisoires, des cadeaux pour rire en quelque sorte, souvent des sucreries. Mais pourquoi ces friandises commencèrent-elles à prendre la forme de poissons ?

Est-ce pour des raisons astronomiques, le soleil entrant à peu près à cette époque dans la constellation du poisson ?

Est-ce en souvenir du duc de Lorraine déchu, qui, enfermé au château de Nancy, s'en évada un premier avril en traversant les fossés à la nage ?

Plus vraisemblablement, c'est une référence au signe de ralliement des premiers chrétiens. Les premiers disciples de Jésus n'étaient-ils pas tous des pêcheurs ?

C'est donc par suite d'antiques coutumes religieuses que nous voyons aux environs de Pâques tant de poissons en chocolat.

Le mot est lâché : chocolat. Cette merveille qui nous vient du Nouveau Monde. Le cacaoyer ou cacaotier est originaire du Mexique et d'une partie de la Colombie. Et c'est sous forme de boisson exotique que le chocolat nous est apparu.

Ce fut à la cour de Montezuma, empereur des Aztèques, que les Européens eurent pour la première fois connaissance de cette amande précieuse.

Les premiers Européens à découvrir le cacao furent les Espagnols. Cortés en parle dans ses lettres à Charles Quint et en rapporte avec lui lorsqu'il regagne l'Espagne en 1528.

Les Espagnols en raffolèrent aussitôt ; même préparé selon la recette aztèque rapportée par Cortés : un mélange épaissi à la fécule, enflammé au piment et aromatisé de quatre-épices, de vanille et de plantes diverses. Heureusement, le breuvage sera rapidement adapté au goût européen ; on commencera, bien sûr, par supprimer le piment, éventuellement remplacé par un peu de poivre noir ; on conserve, en revanche, la vanille à laquelle on adjoint de la cannelle et on édulcore au moyen de sucre ou de miel.

Les Espagnols ne se rendirent d'abord pas compte qu'ils tenaient là les clefs d'une industrie florissante et d'un négoce international prospère. Au contraire, ils tentèrent de jeter sur cette nouveauté un épais voile de mystère et interdirent l'exportation du cacao, toute infraction étant sévèrement réprimée. Ils parvinrent si bien à garder le secret que des Hollandais, qui s'étaient emparés d'un vaisseau espagnol chargé de fèves de cacao, prenant ces graines pour des « crottes de bique », jetèrent le tout à la mer.

Mais le reste de l'Europe, en s'installant dans le Nouveau

Monde, découvrit à son tour le cacao et ses vertus gusta-tives, nutritives et, dit-on, médicinales.

Les Espagnols tentèrent bien de verrouiller la produc-tion mais ne parvinrent qu'à susciter des circuits de contre-bande particulièrement lucratifs pour les planteurs améri-cains. À la fin du XVIIᵉ siècle, les trois-quarts de la production vénézuélienne quittaient le continent frauduleusement et c'est bientôt Amsterdam qui devint l'entrepôt général du cacao pour l'Europe.

On a dit que l'usage du chocolat fut introduit en France grâce à Anne d'Autriche, fille de Philippe II d'Espagne et épouse de Louis XIII.

On a aussi dit que c'était grâce à l'infante Marie-Thérèse d'Autriche, épouse de Louis XIV.

Apparemment tout le monde s'accorde à dire que c'est grâce à une dame venant de la maison d'Autriche et deve-nue reine de France que le chocolat fut introduit chez nous.

Plus encore que par nos deux reines, le chocolat fut sans doute introduit par les jésuites.

Enfin, c'est aussi ce que l'on dit.

Quoi qu'il en soit, le chocolat était bel et bien en usage en 1671 car on ne saurait mettre en doute le témoignage de Mme de Sévigné qui, le 11 février de cette même année, écrivait à sa fille :

> *« Vous ne vous portez pas bien ; le chocolat vous remettra ; mais vous n'avez pas de chocolatière ; j'y ai pensé mille fois, comment ferez-vous ? »*

Mme de Sévigné était une femme de lettres exceptionnelle mais manquait tant soit peu d'astuce. A-t-on vraiment
besoin d'une chocolatière pour faire du chocolat ?

Pendant longtemps, le chocolat ne fut utilisé qu'en breuvage chaud puis, petit à petit, des pâtissiers, dont je fais partie,
se mirent à utiliser le chocolat comme base d'un gâteau.

Bien sûr ce ne fut pas chose aisée au début mais doucement nous nous sommes acheminés vers des gâteaux très
honorables. Pourtant la clientèle, même celle de la maison
Stohrer qui ne redoutait pas mes audaces, bouda quelque
peu. Les gens n'aiment pas que l'on bouleverse leurs petites
habitudes ; le chocolat se buvait, ne se mangeait pas, il n'y
avait pas à revenir là-dessus.

Je me suis quand même entêté et, à présent, les clients
de la maison Stohrer ne méprisent plus le gâteau au chocolat que j'ai baptisé « L'Inca ».

l'Inca

Pour 8 personnes :

La première chose à faire est de beurrer puis fariner un moule rond à bords hauts, car une fois l'appareil réalisé, il faudra agir vite.

Tamiser 50 grammes de farine avec 70 grammes de cacao en poudre et réserver.

Faire fondre 140 grammes de beurre à feu doux.

Pendant ce temps, battre au fouet 6 œufs entiers et 180 grammes de sucre en poudre.

Faire mousser légèrement.

Incorporer le mélange farine-cacao délicatement.

Ajouter le beurre fondu.

Bien mélanger doucement.

Verser dans le moule immédiatement.

Cuire à four moyen pendant une vingtaine de minutes.

Démouler sur un linge et laisser refroidir.

Demain je parlerai d'un gâteau au nom plus poétique qu'exotique.

7 Avril 1789

J'avais dit demain, drôle de promesse, sept jours se sont écoulés. Et j'annonçais le puits d'amour.

Autrefois, il s'appelait dariole, je crois en avoir parlé. C'était une pâtisserie au fromage qui se vendait à la criée dans les rues. Rabelais dans son *Quart Livre* y fait allusion :

> « *J'aymeroys mieulx veoir un bon et gras oyson en broche ! Ces porphyres, ces marbres sont beaultx, je n'en diz poinct de mal : mais les darioles d'Amiens sont meilleures à mon goust.* »

De salée, la dariole est devenue sucrée, garnie de frangipane ou de crème ou de confiture. Elle prit aussi le nom de « puits d'amour » au début de ce siècle.

La première recette de puits d'amour figure chez Vincent de La Chapelle dans son livre *Le Cuisinier moderne* de 1735. Je ne serais pas étonné que cette appellation de puits d'amour ait une connotation érotique, à moins que ce ne soit plus romantique et que ce nom soit né dans la tête d'un pâtissier amoureux.

On m'a parlé également d'un puits rue de la Grande Truanderie dans lequel les passants jetaient des pièces. Je n'y crois guère. Si Vincent de La Chapelle est le premier à en parler pourquoi ce puits aux Halles, dans Paris. Il vivait à Londres !

La Chapelle consigne dans son livre deux recettes. L'une sous le titre de « Gâteau de Puits d'Amour » qui se présente comme un grand vol-au-vent en pâte feuilletée, surmonté d'une anse de feuilletage, rempli de gelée de groseille, le tout censé imiter un seau de puits. L'autre recette, « Petits Puits d'Amour », est réalisée pour des bouchées individuelles, toujours en pâte feuilletée et remplies également de gelée de groseille.

De nos jours, la garniture varie, fruits entiers, marmelade, crème pâtissière…

La plupart de mes confrères ont abandonné la pâte feuilletée au profit de la pâte à choux.

Mais fidèle à la recette originale, la maison Stohrer continue et continuera longtemps, je l'espère bien, à façonner ses puits d'amour tout en feuilletage et à les garnir de crème pâtissière.

C'est ainsi qu'ils sont bons.

le Puits d'amour

Pour 8 personnes :

Prendre 250 grammes de pâte feuilletée.

Abaisser un rectangle de 20 centimètres par 28 centimètres.

Dans la longueur, couper quatre bandes de 2 centimètres de large.

Dorer à l'œuf le carré restant et coller les bandes autour, à plat.

Laisser reposer 1 heure, au frais.

Cuire à four moyen 25 minutes.

Pendant ce temps, préparer un quart de litre de lait en crème pâtissière aromatisée à la vanille.

Un fois le fond cuit et refroidi, le remplir de cette crème en lissant la surface.

Recouvrir d'une bonne poignée de sucre cristallisé et caraméliser avec le fer à caraméliser.

Répéter cette opération une deuxième fois afin que le caramel soit bien croquant.

Le printemps est bien long à faire son entrée. Le temps est maussade. L'humeur des gens également.

J'entends la pluie. Pourvu que ce ne soit que passager. L'hiver a suffisamment fait de dégâts.

10 Avril 1789

*L*e printemps s'installe enfin. Cet après-midi, je suis allé réchauffer mes vieux os au jardin du Palais-Royal. C'était bon à en oublier les tracas du moment. Mais je n'en perds pas de vue pour autant le but que je me suis fixé, alors je continue gaillardement.

C'est au tour du mille-feuille ; et si vraiment on voulait chercher la petite bête, on demanderait aux mathématiques de s'en mêler, mais est-ce vraiment nécessaire ? Il suffit de savoir que l'on réalise un feuilletage à six tours, que l'on utilise trois abaisses et que bien sûr le nombre de feuillets ne tombe pas sur mille tout rond.

le Mille-feuille

Pour 8 personnes :

Prendre 600 grammes de pâte feuilletée.

Abaisser un rectangle de 20 centimètres par 60 centimètres coupé en trois carrés de 20 centimètres de côté.

Laisser reposer 1 heure au frais.

Cuire à four moyen pendant 15 à 20 minutes.

Sortir les abaisses du four.

Monter la température du four au maximum ; il faut que le four soit très chaud.

Saupoudrer les abaisses de sucre glace et remettre au four chaud à peine 1 minute pour caraméliser.

LE KOUGLOF

La tasse de thé et le Kugelhopf.

Les Mille et une Nuits

L'ALÌ-BABA

Les sortir du four et laisser refroidir.

Pendant ce temps, préparer une crème pâtissière avec un demi-litre de lait.

Lorsque cette crème sera froide, lui incorporer 100 grammes de beurre en pommade et 10 à 12 grammes d'un alcool parfumé, du rhum par exemple.

Tartiner un carré de feuilletage avec la moitié de cette crème. Couvrir d'un deuxième carré.

Tartiner de nouveau avec l'autre moitié de crème.

Poser le dernier carré et l'appliquer en appuyant légèrement.

Lisser le tour du mille-feuille afin que le pourtour soit bien net.

Saupoudrer de sucre glace.

Le mot « mille-feuille » vient du latin « mille folium », devenu chez nous, au Moyen Âge, « milfoil » et cela désignait une plante et non un gâteau.

Compte tenu de sa préparation, en couches rabattues successivement, il a semblé couler de source de le désigner ainsi.

Pourvu qu'il fasse beau demain…

18 Avril 1789

*J*e renoue avec mes vieilles habitudes, celles de l'an passé, celles des années précédentes ; je passe mes après-midi à flâner dans le Jardin du Palais-Royal et ses environs.

Si la rue Montorgueil grouille de monde grâce aux commerces qui nourrissent, le quartier du Palais-Royal bouillonne grâce aux cafés remplis de jeunes et beaux esprits.

Les idées fusent et s'entrechoquent ; certains refont le monde et voudraient bien qu'il tournât dans l'autre sens ; d'autres lisent à voix haute et claire, devant une assemblée de bouches bées, un article paru dans le *Mercure de France* ou le dernier poème d'André Chénier. Cela se passe au Café de Foy, au café du Caveau ou encore au café de Chartres, célèbre par les affrontements passés de Gluck et Piccini. J'observe, j'écoute et je m'amuse comme un fou.

Après cette promenade si distrayante, je rentre à temps pour prendre une petite collation. Je me laisse souvent tenter par des madeleines.

Marie Leszczynska me fit porter un jour, heureuse surprise, un paquet de madeleines pensant que cela me ferait plaisir de découvrir la dernière gourmandise de son père. Celles que je goûtais venaient de Commercy, proche de Nancy.

Je présume que le nom de « madeleine » est venu du prénom de celle qui l'inventa. Mais était-ce quelqu'un de la maison de Stanislas Leszczynski ou une cuisinière appartenant à une autre famille de la région ? Je n'ai pas réussi à le découvrir.

J'imagine cependant assez bien qu'un soir de réception, le pâtissier attitré de Stanislas ayant rendu son tablier, ou peut-être indisposé, une fille de cuisine ou même une soubrette se vit contrainte de confectionner le seul gâteau qu'elle sache faire.

Le roi de Pologne et ses invités s'en régalèrent si fort que le maître de maison décida de baptiser ce délice par le nom de sa petite servante.

C'est un roman, mais pourquoi pas ?

Je n'ai pas su non plus découvrir pourquoi ces merveilleux gâteaux avaient la forme de coquilles.

Est-ce pour rappeler les coquilles portées à leurs galerus, chapeaux à larges bords, par les pèlerins de Saint-Jacques de Compostelle, qui eux-mêmes imitaient les pèlerins revenant de Jérusalem ?

Mais bien sûr, c'est une simple hypothèse que je formule.

les Madeleines

Pour une douzaine de madeleines :

La veille, préparer la pâte en travaillant longuement 3 œufs entiers, 1 jaune d'œuf, 130 grammes de sucre en poudre et 25 grammes de miel d'acacia, 1 pincée de sel, 150 grammes de farine tamisée avec 15 grammes de bicarbonate de soude.

Bien touiller ; il faut que la pâte soit homogène et qu'elle ait du corps.

Ajouter les zestes d'un demi-citron et d'une demi-orange hachés finement.

Faire fondre 125 grammes de beurre ; il ne doit pas être chaud, juste tiède.

Incorporer ce beurre fondu à la pâte.

Laisser reposer au froid.

Le lendemain, beurrer et fariner une plaque à madeleines. Verser la pâte aux deux-tiers du moule seulement.

Faire cuire à four chaud 8 à 10 minutes.

Démouler et laisser refroidir sur une grille.

Si l'actualité est riche en événements, demain, ce sera un véritable régal que de traîner dans les cafés. Alors, allons nous coucher pour être d'attaque.

25 Avril 1789

*V*oilà ce qu'a déclaré M. Réveillon, marchand de papiers peints : « Les ouvriers peuvent bien vivre avec quinze sous par jour! » Il s'était pourtant montré jusqu'à présent un bon patron. Quelle inconséquence !

Le résultat ne se fit pas attendre : au faubourg Saint-Antoine, une véritable échauffourée a éclaté faisant deux cents morts et trois cents blessés. Les faiseurs d'articles dans les journaux grossissent toujours le trait mais enfin l'incident fut sanglant.

Quelle maladresse ! On ne provoque pas la misère.

Ce sont des ouvriers en chômage, dont certains auraient été soudoyés par des petits chefs avides de bagarres – certains ouvriers incarcérés auraient été trouvés porteurs d'écus – qui ont mis à sac, de la cave au grenier, la maison de M. Réveillon avec pour mot d'ordre : « Il faut tout brûler ! Il faut tout détruire ! ».

S'il avait su, ce M. Réveillon, il aurait tourné sa langue sept fois dans sa bouche avant de parler.

Mais il n'y a pas qu'à Paris qu'on pille ; la province n'échappe pas à ces malveillances qui, il faut bien l'avouer, restent impunies. Le gouvernement, craignant le pire, se montre de plus en plus impuissant ou ferme les yeux tout simplement.

Je me sens très affecté par ce qui se passe. Je ne sais pas si c'est par association d'idées mais je vais m'éloigner aujourd'hui de la pâtisserie et de sa douceur pour m'arrêter sur les recettes de trois liqueurs et leur brutalité.

Dieu m'est témoin que je n'ai pas de penchant pour la dive bouteille, mais il est des cas où un remontant reconstituant est nécessaire, voire indispensable.

Je parlerai du rossoly, du populo et du vin des dieux.

Le premier tire son nom « ros solis », rosée du soleil, des fleurs employées à sa composition.

Louis XIV était fou de rossoly ou rossolis.

le Rossoly

Si l'on a la chance de posséder un jardin fleuri, cueillir des fleurs parfumées de plusieurs espèces (jasmins, roses, œillets, violettes, etc.)

Détacher les pétales de toutes ces fleurs puis les faire infuser séparément dans de l'eau bouillie et tiède jusqu'à refroidissement.

Retirer les pétales avec une écumoire et laisser égoutter.

Mélanger toutes ces infusions dans une cruche.

> *Mesurer 3 litres de cette eau parfumée. Y ajouter 1,5 litre d'esprit de vin et 1,5 kilogramme de sucre en poudre.*
>
> *Ajouter également 100 grammes d'essence d'anis mélangée avec un peu d'esprit de vin afin de ne pas blanchir la liqueur et 100 grammes d'essence de cannelle. Goûter.*
>
> *Si le mélange est trop sucré et trop pâteux, ajouter de l'esprit de vin juste ce qui est nécessaire.*
>
> *Goûter de nouveau.*
>
> *Pour qu'un parfum de fleur domine, ajouter 1 à 2 cuillerées d'une essence de la fleur désirée.*
>
> *Filtrer le mélange pour le clarifier et le mettre en bouteilles bien bouchées.*

Le populo, lui, ne tire absolument pas son nom de « populaire ». Populo signifie « petit enfant », de « puppa », poupée, voire marmaille.

Selon Audiger dans *La Maison réglée*, le populo est un « petit rossoly, fort léger, doux et aisé à boire ».

J'ai supprimé de la recette d'Audiger « un rien de musc et d'ambre ». Je l'ai déjà dit, le musc et l'ambre furent très en vogue mais, en toute franchise, ils n'apportent pas grand chose sinon de rendre sa bourse un peu plus plate.

La Varenne donne une tout autre méthode que celle d'Audiger pour le populo.

Moi, je retiens celle de ce dernier.

le Populo

Pour 3 litres :

Faire fondre dans une casserole 500 grammes de sucre en poudre dans un demi-litre d'eau, à feu doux, tout en surveillant.

Dès que l'ébullition commence, retirer rapidement la casserole du feu et verser une cuiller à soupe d'eau froide dans la casserole ; l'opération est délicate ; le sucre ne doit absolument pas cuire sinon il se cristallise.

Faire bouillir 1 litre et demi d'eau.

Laisser refroidir.

Ajouter le sirop de sucre puis 1 litre d'esprit de vin, 100 grammes d'essence d'anis et 100 grammes d'essence de cannelle comme pour le rossoly.

Remuer le tout et mettre en bouteilles bien bouchées.

Quant au vin des Dieux, j'en ai trouvé la recette à la fois chez La Varenne et chez un de ses contemporains, un certain Pierre de Lune, auteur d'un livre, *Le Cuisinier*. Le vin des dieux n'usurpa pas son nom, c'est vraiment divin.

le Vin des Dieux

Pour 1 litre :

Prendre 2 citrons et 2 pommes reinette et les peler. Couper les fruits en rondelles fines en prenant bien soin d'enlever les pépins des citrons.

Disposer ces rondelles dans une terrine ou tout autre récipient à bords hauts en alternant les couches : une couche de citron, une couche de pomme…

Dans 125 grammes de sucre en poudre, répandre 1 cuillerée à soupe de cannelle en poudre et mélanger.

Répartir sur chaque couche de fruits un peu de ce sucre et 2 clous de girofle par couche.

Pour exhaler l'arôme des fruits, verser 1 cuiller à soupe d'esprit de vin.

Arroser avec 1 litre de vin de façon que les fruits soient entièrement recouverts.

Pour le vin, c'est une affaire de goût ; cela peut être un bon vin rouge fruité ou un bon vin blanc fruité également ; si l'on a peur que ce breuvage soit trop sucré, il ne faut pas utiliser un vin blanc doux.

Laisser infuser au moins 4 heures.

Filter et servir frais.

Et voilà, si malgré ces remèdes le monde va de travers, c'est à désespérer !

1er Mai 1789

On parle beaucoup chiffons à Versailles, en ce moment. La question cruciale est comment doit être le costume des députés ?

Il est vrai qu'il faut préparer un spectacle qui puisse donner un sujet de conversation aux femmes frivoles de la cour et frapper d'étonnement et d'admiration les habitants de Paris.

Quant à moi, qui suis détaché de ce genre de considération, je poursuis mon discours et j'en viens au Kugelhopf ou kouglof si l'on francise le mot.

Le kouglof est une brioche aux raisins secs qui fait partie du patrimoine alsacien, mais son origine est sans doute d'Europe centrale.

Stanislas, mon bon roi, en était très friand. Je n'irai pas jusqu'à dire qu'il fut l'importateur de cette gâterie, lors de son premier exil, mais sait-on jamais avec ce diable d'homme !

Le kouglof doit son nom à sa forme ronde, « kugel », qui signifie boule en dialecte alsacien, et à la levure de bière, « hupf » ou « hefe », qui remplaçait autrefois le levain dans les pays d'Europe centrale.

Marie-Antoinette contribua à le mettre à la mode, d'abord à Versailles puis à Paris.

Et ce n'est évidemment pas moi qui vais m'en plaindre… j'ai toujours eu un faible pour le kouglof.

---

le Kouglof

Pour 8-10 personnes :

La veille de la préparation, faire tremper 110 grammes de raisins secs et blonds dans une cuillerée à soupe de rhum.

4 à 5 heures avant de faire la pâte, préparer le levain avec 60 grammes de farine tamisée, 4 à 5 grammes de levure de boulanger et un quart de litre de lait. Bien mélanger.

Couvrir d'un linge humide et mettre au frais pendant 4 à 5 heures, jusqu'à ce que des petites bulles apparaissent à la surface.

Préparer alors la pâte dans une terrine avec le levain, 190 grammes de farine tamisée, 5 grammes de sel, 55 grammes de sucre en poudre, 20 grammes de levure de boulanger délayée dans un peu de lait et 2 jaunes d'œuf.

Pétrir jusqu'à ce que la pâte se décolle de la paroi de la terrine.

Ajouter 70 grammes de beurre tendre.

Continuer de pétrir jusqu'à obtention d'une pâte lisse et homogène.

Ajouter enfin les raisins macérés et mélanger.

Couvrir le récipient d'un linge et laisser lever 1 heure ; la pâte doit doubler son volume.

Fariner une table de travail. Aplatir la pâte et rabattre les bords pour former une boule que l'on fait rouler en la serrant entre les paumes des mains.

Creuser un trou au centre avec les doigts farinés en écartant la pâte.

Beurrer un moule à kouglof en terre cuite de préférence. Dans chaque cannelure du moule, poser une amande entière mondée. Garnir le moule de la pâte.

Couvrir d'un linge humide et laisser lever 1 heure 30 environ.

Faire cuire à four moyen 35 minutes.

Démouler le kouglof encore chaud et badigeonner de lait d'amande afin qu'il sèche moins vite.

Une fois refroidi, poudrer de sucre glace.

L'effervescence règne dans toute la maison ; les femmes ont décidé, puisque les beaux jours semblent s'installer, de se replier à la campagne. Elles ne parlent que de ce qu'elles vont entasser dans les malles, elles parlent fort, trop, elles virevoltent dans tous les sens. C'est parfois agaçant mais toujours amusant.

Pas question cependant de partir avant l'ouverture des États Généraux. Je ne veux manquer la cérémonie sous aucun prétexte !

5 Mai 1789

Une page d'histoire se tourne, une nouvelle ère commence : aujourd'hui séance solennelle d'ouverture des États Généraux.

Hier, à Versailles, les cloches de Notre-Dame résonnèrent dans toute la ville, les oriflammes et les drapeaux fleurdelisés claquèrent aux fenêtres.

Douze cents députés venus de tous les coins du royaume ont fait leur entrée triomphale. Tous tenaient un cierge à la main, tous sauf les porteurs de bannières et les fauconniers de Sa Majesté qui tenaient leur oiseau sur le poing.

Quelle procession exceptionnelle !

Le roi, son fabuleux diamant « Régent » au chapeau, en habit et manteau de drap d'or avançait, entouré des grands officiers de la couronne.

Quelle ovation ! J'y étais… et fort ému.

Pour moi aussi une page se tourne. C'est la fin de mon histoire, de mes histoires. Je suis arrivé au bout de mon savoir. J'ai choisi de raconter ce qui me semblait intéressant, de noter les recettes qui, à mon goût, méritaient de durer. Bientôt, ce sera à toi, Florimond, de juger si j'ai eu raison en fonction des goûts de ton temps.

Ah! la clientèle! Prends-en bien soin, dorlote-la, c'est elle qui te permettra de grimper au sommet.

Et pour que ces dernières pages ne soient pas entachées de tristesse, je termine par une dernière recette, une apothéose, une pure merveille, les mille et une nuits, l'Ali-Baba.

Stanislas, encore lui, toujours lui, trouva un jour son kouglof, dont il raffolait, un peu trop sec. Il demanda qu'on lui apportât une saucière de vin de Malaga, peut-être parce qu'il se souvenait d'un gâteau polonais, à la farine de seigle, arrosé de vin de Hongrie. Il goûta, réfléchit puis renvoya la saucière en cuisine afin que l'on perfectionnât ce sirop.

« Essayez le safran », suggéra-t-il.

Goûta de nouveau et trouvant cela fort à son goût, demanda que l'on en fît un gâteau à part entière et que l'on le lui présentât souvent.

Le lendemain, quand son pâtissier s'enquit du nom à donner à ce nouveau gâteau, Stanislas se concentra. Sa lecture favorite était *Les Mille et une nuits*. Il pensa tout naturellement à Ali-Baba, les quarante voleurs, « Sésame, ouvre-toi ».

« Ce sera Ali-Baba ».

Pourquoi pas, le safran et sa couleur ocre rouge font assez oriental.

l'Ali-Baba

**Pour 10 personnes c'est-à-dire un baba
de 24 centimètres de diamètre :**

Réunir 375 grammes de farine tamisée,
12 grammes de levure de boulanger, 7 grammes
de sel, 30 grammes de sucre en poudre, 45 grammes
de raisins secs de Corinthe, 45 grammes de raisins
frais de Malaga, 10 grammes de cédrat confit,
10 grammes d'angélique confite, 1 gramme de
safran, 30 grammes de crème fraîche, 30 grammes
de vin de Malaga ou à défaut du vin de Madère,
6 œufs entiers et 250 grammes de beurre.

Avant toute chose, faire le levain en prenant
le quart de la farine avec 50 grammes d'eau tiède.
Sur la table de travail, faire un puits, ajouter
la levure et bien touiller.
Mélanger rapidement du bout des doigts
la levure et la farine ; il faut compter 4 heures
de fermentation.
Avec le reste de la farine, faire un nouveau puits,
verser le sel, le sucre, la crème et les œufs.
Bien pétrir.
Ajouter le levain à point.
Pétrir de nouveau soigneusement la pâte.
Incorporer le beurre.
Bien pétrir encore une fois.

Faire une infusion de safran en le faisant bouillir dans une grosse cuillerée d'eau.

Faire un creux au milieu de la pâte dans lequel on verse le vin de Malaga ou de Madère et l'infusion de safran.

Puis ajouter les raisins frais dont on aura ôté les pépins en coupant chaque grain en deux, puis les raisins secs et enfin le cédrat et l'angélique hachés.

Mélanger afin que les raisins et les fruits confits soient bien mêlés à la pâte.

Beurrer un moule à baba.

Rendre la pâte lisse sur le dessus en ôtant les plus gros raisins qui se trouvent à la surface.

Poser délicatement ce côté de la pâte dans le moule ; cette opération permet d'empêcher les fruits d'adhérer au moule pendant la cuisson.

Cuire à four moyen pendant 1 heure 30.

La vraie couleur du baba doit être rougeâtre mais ce n'est pas facile à saisir parce que le safran est déjà de teinte jaunâtre et que le sucre et le vin y contribuent pour le moins autant de leur côté ; c'est pour cette raison que la cuisson réclame beaucoup de soins ; un quart d'heure de trop suffirait pour changer cette belle nuance pourprée en vilain brun.

Une fois cuit, démouler à chaud.

Laisser refroidir.

Faire à présent le sirop dans lequel l'Ali-Baba va tremper.

Dans une casserole, faire bouillir 1 litre d'eau avec 600 grammes de sucre en poudre.

> *Hors du feu, ajouter 1 gramme et demi de pistils de safran et 500 grammes de vin de Malaga ou à défaut de vin de Madère.*
>
> *Il faut impérativement tremper l'Ali-Baba le jour-même de sa dégustation, sinon la pâte risquerait de se dessécher et puis le safran est tellement volatil.*

J'hésite à mettre un point final. C'est si présomptueux.

Après moi, il y aura d'autres gâteaux, nouveaux et fort bons. Qui sait, meilleurs que ceux que j'ai modestement fabriqués ?

Il y aura de nouvelles saveurs et des mariages audacieux.

Quel dommage de rater cela !

Index des recettes

Bibliographie sélective

■ AMERO, Justin
*Les classiques
de la table*
– Tome 1
Dentu, Paris, 1844
– Tome 2
Librairie de Firmin
Didot Frères,
Paris, 1855

■ APICIUS
L'art culinaire
Les Belles Lettres,
Paris, 1974

■ AUDIGER
*Maison réglée (la)
et l'art de diriger
la maison d'un grand
Seigneur & autres,
tant à la ville
qu'à la campagne,
& le devoir de tous
les Officiers,
& autres Domestiques
en général*
N. Le Gras,
Paris, 1692

■ BALLERO, Mireille
*Délicieuses boissons
d'hier et d'aujourd'hui*
Albin Michel,
Paris, 1981

■ BARBIER, Nina et
PERRET, Emmanuel
Petit traité

d'ethno-pâtisserie
J.-C. Lattès,
Paris, 1997

■ BERKENBAUM,
Philippe et
MAHOUX, Frédéric
Biscuits
Casterman, Paris, 1994

■ BLOND, Georges
et Germaine
– *Histoire pittoresque
de notre alimentation*
Arthème Fayard,
Paris, 1960

■ BOILEAU, Nicolas
Œuvres complètes
Gallimard La Pléiade,
Paris

■ BONNEFONS,
Nicolas de
*Les délices de
la campagne...,
où est enseigné à
préparer pour
l'usage de la vie
tout ce qui croît sur
terre et dans les eaux.*
Nicolas Le Gras,
Paris, 1684
(6ᵉ édition)

■ BOURGEAT,
Jacques
Les plaisirs de la table

*en France des Gaulois
à nos jours*
Hachette, Paris, 1963

■ BOYÉ, Pierre
*Les châteaux du roi
Stanislas*
Berger-Levrault,
Paris, 1910

■ BRÉCOURT-
VILLARS, Claudine
*Mots de table,
mots de bouche*
Stock, Paris, 1996

■ BRILLAT-
SAVARIN,
Jean-Anthelme
Physiologie du goût
Charpentier,
Paris, 1853

■ CASTELOT, André
*L'histoire à table
« Si ma cuisine m'était
contée... »*
Perrin, Paris, 1979

■ CASTELOT, André
et DECAUX, Alain
*Histoire de la France
et des Français au jour
le jour*
Tome VI : 1764-1814,
la République et
l'Empire
Librairie Académique

Perrin et Librairie
Larousse,
Paris, 1980

■ CERVANTÈS
Don Quichotte
Alphonse Lemerre,
Paris, 1898

■ COQUET, James de
Propos de table
Albin Michel,
Paris, 1990

■ COURTINE,
Robert Jullien
Gourmandissimo
Albin Michel,
Paris, 1978

■ COURTINE,
Robert Jullien et
VENCE Céline
Les Grands Maîtres de
la Cuisine française du
Moyen Âge à Alexandre
Dumas ; les meilleures
recettes de cinq siècles
de tradition
gastronomique
Bordas, Paris, 1972

■ DUMAS, Alexandre
Grand Dictionnaire
de Cuisine
Alphonse Lemerre,
Paris, 1873

■ Écrivains de la
Révolution
Gallimard, La Pléiade,
Paris, 1989

■ÉLUARD-
VALETTE, Cécile
Les grandes heures de

la cuisine française
Les Libraires associés,
1964

■ EYER, Fritz
Wissembourg,
art et histoire
Éditions de la Tour
blanche,
Wissembourg, 1980

■ FLANDRIN,
Jean-Louis et
MONTARINI, Massimo
Histoire de
l'Alimentation
Fayard,
Paris, 1996

■ FRANKLIN, Alfred
– Les rues et les cris de
Paris au XIIIᵉ siècle
Léon Willem,
Paris, 1874
– Dictionnaire
Historique des arts,
métiers et professions
exercés dans Paris
depuis le XIIIᵉ siècle
H. Welter, Paris,
Leipzig, 1906
– Vie privée d'autrefois,
(la) Arts et Métiers,
Modes, Mœurs, Usages
des Parisiens du XIIᵉ
au XVIIIᵉ siècle
– Tome 1 : L'annonce
et la réclame : les cris
de Paris
Plon, Nourrit et Cie,
Paris, 1887
– Tome 6 : Les repas
Plon, Nourrit et Cie,
Paris, 1889
– Tome 8 : Variétés

gastronomiques
Plon, Nourrit
et Cie, Paris, 1891
– Tome 13 : Le café,
le thé et le chocolat
Plon, Nourrit
et Cie, Paris, 1893
– Tome 3 : La cuisine
Éditions Slatkine,
Genève, 1980

■ FULBERT-
DUMONTEIL,
Jean-Camille
– La cuisine française,
l'art du bien manger
Paris, 1901
–France gourmande
(la)
Librairie universelle,
Paris, 1906

■ FURETIÈRE,
Antoine
Dictionnaire universel
3 vol. réédition
Le Robert,
Paris, 1978
fac-similé, Arnout
& Reinier Leers,
La Haye et Rotterdam,
1690

■ GAILLARD, Lucien
À la découverte du
IIᵉ arrondissement
1988

■ GARGUILLE,
Gaultier
Chansons
P. Jannet, Paris, 1858

■ GAULT, Henri
et MILLAU, Christian
Guide gourmand

de la France
Hachette,
Paris, 1970

■ GILLIERS
*Cannaméliste français
(le) ou nouvelle
instruction pour ceux
qui désirent apprendre
l'Office rédigé en forme
de dictionnaire,
contenant les noms,
les descriptions,
les usages, les choix
& les principes de
tout ce qui se pratique
dans l'Office,
l'explication de tous
les termes dont on se
sert ; avec la manière
de dessiner & de for-
mer toutes sortes de
contours de Tables
& de Dormants.*
Jean-Baptiste-
Hiacinthe Leclerc,
Nancy, 1768

■ GOTTSCHALK,
Alfred
*Histoire de l'alimenta-
tion et de la gastrono-
mie de la Préhistoire
jusqu'à nos jours*
Éditions Hippocrate,
Paris, 1948

■ GRIMOD
DE LA REYNIERE
– *Almanach des
Gourmands,
1803 à 1812*
– Paris, Joseph
Chaumerot, 8ᵉ année,
1812

– Paris, Joseph
Chaumerot, 7ᵉ
année, 1810
– Paris, Maradan,
6ᵉ année, 1808
– Paris, Maradan,
5ᵉ année, 1807
– Paris, Maradan,
4ᵉ année, 1806
– Paris, Maradan,
3ᵉ année, 1806
– Paris, Maradan,
2ᵉ année 1805
– Paris, Maradan,
1ʳᵉ année, 1804

■ GUILLEMARD,
Colette
*Les mots d'origine
gourmande*
Belin, Paris, 1986

■ HÉRON DE
VILLEFOSSE, René
– *Les Halles :
de Lutèce à Rungis*
Librairie Académique
Perrin, Paris, 1973
– *Histoire et géographie
gourmandes de Paris*
Les Éditions de Paris,
Paris, 1956

■ HILLAIRET,
Jacques
*Connaissance du vieux
Paris*
Éditions de Minuit,
Paris, 1954

■ *Inventaire du
patrimoine culinaire
de la France (l')*
Produits du terroir et
recettes traditionnelles
– Île de France

– Nord/Pas-de-Calais
Albin Michel/CNAC

■ *Journal des
Confiseurs-Pâtissiers
Chocolatiers (le)*
3ᵉ année - numéro 17,
1ᵉʳ janvier 1892
– 4ᵉ année - numéro 35,
1ᵉʳ juillet 1893
articles signés :
F. Barthélemy, J. Marly
– 5ᵉ année - numéro 47,
15 juillet 1894
articles signés :
T. Misdela, E. Myhr
– 5ᵉ année - numéro 49,
15 septembre 1894
articles signés :
E. Myhr, T. Misdela
– 17ᵉ année - janvier
1906 - numéro 1

■ KETCHAM
WHEATON, Barbara
L'office et la bouche
Histoires des mœurs
de la table en France,
1300-1789
Calmann-Lévy,
Paris, 1984

■ L.S.R.
L'art de bien traiter
Jean du Puis,
Paris, 1674
réimpression
Daniel Morcrette,
Luzarches, 1978

■ LA BRUYÈRE,
Jean de
*Les Caractères ou les
Mœurs de ce siècle*
Garnier Frères,
Paris, 1983

■ LA CHAPELLE,
Vincent de
Le cuisinier moderne
qui apprend à donner
toutes sortes de repas...
dédié à son Altesse
Serenissime
Monseigneur le Prince
d'Orange et de Nassau,
&c.
La Haye, 1742
Réédition,
D. Morcrette,
Luzarches, 1984

■ LA
ROCHEFOUCAULD,
François de
Réflexions ou Sentences
et Maximes morales
Jules Tallandier,
Paris, 1968

■ LA VARENNE,
François-Pierre de
– *Le cuisinier françois,*
enseignant la manière
de bien apprester
& assaisonner toutes
sortes de viandes
grasses et maigres,
légumes & pâtisseries
en perfection, &c.
Reveu, corrigé, &
augmenté d'un Traitté
de confitures seiches
et liquides, & autres
délicatesses de bouche.
Pierre David, Paris,
5ᵉ édition, 1654
– *Cuisinier françois (le)*
enseignant la manière
d'apprêter & assaison-
ner toutes sortes de
Viandes grasses

& maigres, Légumes
& Pâtisseries
en perfection, &c .
Troyes, Jean Garnier
– *Cuisinier françois (le)*
enseignant la manière
d'apprêter
& assaisonner toutes
sortes de viandes
grasses
& maigres, légumes
& Pâtisseries
en perfection, &tc.
Troyes, Veuve Pierre
Garnier,
suivi du
Pâtissier françois
où est enseigné
la manière de faire
toute sorte de
Patisserie, très-utile
à toute sortes de
personnes.
Troyes, Antoine de
Rafflé
suivi du
Confiturier françois où
est enseigné la manière
de faire toutes sortes
de confitures, dragées,
liqueurs, & breuvages
agréables.
Troyes, Antoine de
Rafflé
éditions utilisées par :
Flandrin, Jean-Louis,
Hyman, Philipp et Mary
Montalba,
Bibliothèque bleue,
Paris, 1983
– *Parfait confiturier*
(le) qui enseigne à bien
faire toutes sortes de
Confitures tant seiches

que liquides, de
Compotes, de Fruicts,
de Sallades, de
Dragées, Breuvages
délicieux, & autres
délicatesses de bouche.
Jean Ribou,
Paris, 1667
– *Vray Cuisinier*
françois (le), ensei-
gnant la manière de
bien apprester
& assaisonner toutes
sortes de Viandes,
grasses
& maigres, Légumes
& Pastisseries en
perfection, &c.
Augmenté
d'un nouveau
Confiturier qui
apprend à bien faire
toutes sortes de
Confitures, tant seches
que liquides, de
Compotes, de Fruits,
de salades, de Dragées,
Breuvages délicieux,
& autres délicatesses
de bouche.
Jean Ribou.
Paris, 1682
– *Nouveau cuisinier*
françois (le)
ou l'École des ragoûts
où est enseigné la
manière d'apprêter
toutes sortes de
viandes, de Pâtisseries
& Confitures.
Lyon, Marcellin
Duplain, 1727

■ LACAM Pierre
Le mémorial historique

*et géographique de
la pâtisserie*
Paris, 1914

■ *Larousse
gastronomique*
Larousse, Paris, 1996

■ LENÔTRE, Gaston
*Desserts traditionnels
de France*
Flammarion,
Paris, 1991

■ LEVRON, Jacques
Marie Leszczynska
Le Grand Livre du
mois, Paris, 1995

■ LUNE, Pierre de
Cuisinier (le) où il est
traité de la véritable
méthode pour appres-
ter toutes sortes de
Viandes, Gibbier,
Volatiles, Poissons, tant
de mer que d'eau
douce : suivant les
quatre saisons de l'an-
née. Ensemble la
manière de faire toutes
sortes de Patisseries,
tant froides que
chaudes, en perfection.
Pierre David,
Paris, 1656

■ MARIN, François
*– Dons de Comus ou
Délices de la Table*
Chez la Veuve Pissot,
Paris, 1750
*– Suite des Dons de
Comus*
Chez la Veuve Pissot,
Paris, 1742

■ MASSIALOT,
François
*– Nouveau cuisinier
royal et bourgeois (le)*
ou Cuisinier moderne
qui apprend à ordonner
toute sorte de Repas en
gras & en maigre & la
meilleure manière des
Ragoûts les plus déli-
cats & les plus à la
mode ; & toutes sortes
de Pâtisseries : avec
des nouveaux desseins
de Tables.
Tome I et tome II
Chez la Veuve
Prudhomme,
Paris, 1739
*– Nouvelle instruction
pour les confitures,
les liqueurs et les fruits*
Paris, 1740

■ MEAUX, Nicolas
L'agenda en révolution
Édition du Chêne,
Paris, 1989

■ *Ménagier de Paris
(le)*
Traité de morale et
d'économie domestique
composé vers 1393 par
un bourgeois parisien,
contenant des pré-
ceptes moraux,
quelques faits histo-
riques, des instructions
sur l'art de diriger une
maison, des renseigne-
ments sur la consom-
mation du Roi, des
Princes et de la ville
de Paris, à la fin du

quatorzième siècle, des
conseils sur le jardina-
ge et sur le choix des
chevaux ; un traité
de cuisine fort étendu,
et un autre non moins
complet sur la chasse
à l'épervier.
Crapelet, Paris, 1844

■ MENON
*– Nouveau traité de
la cuisine avec de nou-
veaux desseins de table*
Michel-Étienne David,
Paris,1739
*– Le manuel des
officiers de bouche*
Le Clerc, Paris, 1759
*– Cuisinière bourgeoise
(la) suivie de l'Office
à l'usage de tous ceux
qui se mêlent de la
dépense des maisons*
Deckherr, Montbéliard,
1834 (nouvelle édition)
*– Soupers de la cour
(les)* ou l'art de
travailler toutes sortes
d'alimens
Tome IV
Guillyn, Paris, 1755
*– Cuisinière des
cuisinières de la Ville
et de la Campagne (la)*
Eugène Ardant et
C. Thibaut,
Limoges, 1867

■ MICHAUD
Biographie universelle,
Tome quatrième
Madame C. Desplaces,
Paris, 1869

■ PERRAULT, Charles
Les contes de ma mère l'Oye : Peau d'Ane, Le Petit Chaperon rouge
Gallimard, Folio junior, Paris

■ RABELAIS François
– *Le Quart Livre* -
Tome 2ᵉ -
Chapitres XI-XL et LXI
Alphonse Lemerre, Paris, 1870
– *Gargantua* -
Chapitre XXV
Alphonse Lemerre, Paris, 1868

■ *Revue culinaire (la)*
11ᵉ année - avril 1929
- numéro 103 -
article signé :
H. Pellaprat

■ *Saveurs n°8* :
« Fêtes en Alsace »
Novembre-décembre 1990

■ SÉVIGNÉ, Mme de
Lettres
Gallimard La Pléiade, Paris

■ TAILLEVENT, Guillaume Tirel dit
Le Viandier
Techener, Leclerc, Cornuau, Paris, 1892

■ TERRASSON, Laurent
Atlas des desserts de France
Rustica & Cedus, Paris, 1995

■ TULARD, Jean, FAYARD, Jean-François et FIERRO, Alfred

Histoire et dictionnaire de la Révolution française
Robert Laffont, Bouquins, Paris, 1987

■ VIELFAURE, Nicole et BEAUVIALA, A. Christine
Fêtes, coutumes et gâteaux
C. Bonneton, Le Puy, 1986

■ VILLON, François
Le Grand Testament
G. Charpentier et Cie, Paris

■ WALTER, Gérard
La Révolution française vue par ses journaux
Tardy, Paris, 1948

Aubin Imprimeur
LIGUGÉ, POITIERS

Achevé d'imprimer en octobre 1999
N° d'édition 99225 / N° d'impression L 59057
Dépôt légal octobre 1999 / Imprimé en France